夸客户

一句顶 1000句

谷雨 编著

U0721584

北方妇女儿童出版社
·长春·

图书在版编目（CIP）数据

夸客户一句顶1000句 / 谷雨编著. -- 长春：北方妇女

儿童出版社, 2025.4. -- ISBN 978-7-5585-9318-5

Ⅰ. F713.3-49

中国国家版本馆CIP数据核字第 2025QJ6279 号

夸客户一句顶1000句
KUA KEHU YI JU DING 1000 JU

出　版　人	师晓晖	
责任编辑	于德北	
装帧设计	韩海静	
开　　本	710mm×1000mm　1/16	
印　　张	8	
字　　数	110千字	
版　　次	2025年4月第1版	
印　　次	2025年4月第1次印刷	
印　　刷	三河市南阳印刷有限公司	
出　　版	北方妇女儿童出版社	
发　　行	北方妇女儿童出版社	
地　　址	长春市福祉大路5788号	
电　　话	总编办：0431-81629600	

定　　价　59.00元

目 录

01 印象管理
3 秒种下好感种子

02 拜访跟进
销售 36 计，让客户想见你

03 解答疑虑
夸着夸着问题就没了

04 策略攻心
巧赞眼界，打开格局

05 价格博弈
夸得有多妙，价格就多高

06 破除心防
再硬的心也能夸软

07 花样催单
差一个赞美就成交

08　回款妙招儿
销冠都是这么催收的

09

危机公关
挑剔也可以是一种成全

10

说话有术
销售的本质就是满足虚荣心

01 印象管理

3 秒种下好感种子

穿搭是名片，也是拿捏客户的关键

销售场景

某公司高管李女士身穿剪裁利落的浅灰色套装步入会议室，领口别着一枚极简风珍珠胸针，手提帆布材质的环保公文包。前来洽谈业务的客户经理小张马上就注意到其服装色系与公司 LOGO 呼应，他该如何和李女士打招呼？

普通说话

李总，您好，您今天的穿搭真特别。

高情商夸赞

早就听说李总是行业里最懂审美的人，果然名不虚传！这身套装和珍珠胸针的组合，既有一种冷静感，又带着温润的气质，和贵司新发布的战略产品简直是最完美的契合呀！

夸赞技巧

观察客户着装与职业身份、企业文化等的关联性。可以以材质、色系、造型等方面为切入点，把它们与客户企业的理念、战略等相关联。

对方佩戴的胸针、领带夹、袖扣等装饰品可以被升华为某种精神象征，很好地满足高阶客户的心理预期。

适当运用美学、哲学等跨领域的词汇，能够丰富夸赞质感，获得对方欣赏；用行业共识来替代个人观点，也能增强可信度。

表面夸陈设，实际夸的是格局

销售场景

销售小王偶然在客户公司楼下咖啡厅遇到了客户张总。两人打过招呼后，便一起上楼来到张总的办公室。小王发现办公室布置得十分温馨，实木书架上摆满各类书籍，窗边有个小茶几，摆放着精致茶具，阳光洒在上面，格外惬意。

普通说话

张总，您这办公室布置得挺好看的，感觉很有格调哇。

高情商夸赞

张总，刚一进您办公室就觉得特别舒服。您看这实木书架，摆满了书，就知道您平时爱学习、爱思考。窗边这个小茶几，摆上这茶具，闲暇时晒晒太阳、喝喝茶，真的太会享受生活了！

夸赞技巧

高情商夸赞的关键在于从细节入手，结合客户的行为与生活方式。例如，看到书架和书籍，首先应将学习与客户平时的习惯进行关联。通过对家具和摆件的观察，可以联系到主人对于生活的享受，不是单纯夸赞物品，而是把物品和生活场景结合。最后上升到生活与工作平衡的格局层面，既赞美了客户对生活的态度，又暗示其工作能力，让客户觉得真诚且被深度认可，自然拉近彼此距离。

夸对方会说话，没有客户不爱听

销售场景

小陈主动登门拜访客户林总。在会议室里，双方就合作事宜展开讨论。林总发言时思路清晰、有条有理，不仅对市场趋势有着深刻的见解，还能用简洁易懂的话语阐述复杂的问题，让在场的人都频频点头。小陈也深受启发，意识到这是一个给林总留下好印象的最佳时机。

普通说话

林总，您口才真好，说得头头是道的，不愧是领导哇！

高情商夸赞

林总，今天听您这一番话，我真是受益匪浅。您表达观点时逻辑清晰，那些复杂的市场分析，经您这么一说，一下子就变得简单明了。和您交流，我感觉自己收获满满。您这口才和能力，怪不得公司在您的带领下发展得这么好。

夸赞技巧

高情商夸赞的关键在于真诚和具体。夸赞话术的一个基本原则是：不是为了示弱，而是为了示好。

赞美也要上升到客户的成就上来，让客户明白自己的能力不仅体现在口才上，还对公司有积极影响，这种夸赞更能满足客户的成就感，增进双方的关系，为后续合作打下良好基础。

巧妙找反差，客户偷偷乐开花

销售场景

小李在行业交流会上偶然遇到了一直想合作的大客户王总。此前，小李听闻王总在生意场上果断决绝，谈判时毫不留情，气场强大，让人敬畏。可交流会上的王总穿着休闲，笑容满面，主动和小李打招呼，还耐心倾听他对行业的见解，丝毫没有传说中的距离感，这让小李十分意外。

普通说话

王总，之前就听说您特别厉害，今天见到您，感觉您人挺好相处的，和我想象中不太一样。

高情商夸赞

王总，久仰大名！今天能碰到您太幸运了。原本以为像您这样的大佬会比较有距离感，可一交流，您的亲和、谦逊，还有对行业独到的见解，真的让我受益匪浅！不知道您是否愿意给我们一个深入了解彼此的机会呢？

夸赞技巧

高情商夸赞要自然引出反差之处，用具体细节描述，如"亲和"和"谦逊"等词汇可以增强可信度。还要将反差上升到一个积极的层面，既可以表达对客户的赞赏，又可以让客户感受到自己的多面性被关注和欣赏，从而有效拉近与客户的距离，为未来的合作打下良好基础。

夸对方"有品味"，
更容易拉近距离

销售场景

销售小萌按约定与重要客户陈总见面。刚走进陈总的办公室，一阵淡雅的茶香扑面而来。只见茶几上摆放着一套精致的茶具，旁边是一束刚修剪好的郁金香，花瓣饱满，色泽鲜艳。阳光透过窗户洒在花和茶具上，营造出宁静又惬意的氛围，瞬间让小萌感受到陈总对茶和花的独特品味。

普通说话

陈总，您这办公室里的花真好看，茶也挺香的，茶具看着真不错。

高情商夸赞

陈总，一进您办公室，我就被这花和茶的美好氛围吸引了。这束郁金香娇艳却不失淡雅，看得出您对花卉品质的高要求。再品这茶，香气醇厚，搭配这精致的茶具，您对茶的品味和生活的讲究，真让我佩服。跟您交流就像品一杯好茶，舒服至极！

夸赞技巧

针对对方的品味赞美，表达需要体现真诚和深度。首先尽量聚焦事物的细节，如"郁金香娇艳却不失淡雅""再品这茶，香气醇厚"，让客户感受到自己细致的观察力；其次将品味引申到客户的生活态度和要求上，如对品质的高要求、对细节的研究和讲究，以提升赞美的层次；最后结合自身感受，让客户感受到被理解和认可，为合作交流营造良好的氛围。

以字辨人，好感瞬间加倍

销售场景

客户代表小王受邀参加一次行业研讨会时，偶然与行业精英李总被安排在同一讨论小组，他一直想接触李总，却始终没有机会。休息间隙，大家需要签署一份意见反馈表，小王注意到李总拿起笔，运笔流畅，字迹刚劲有力，笔画之间的连笔自然洒脱，让小王眼前一亮。

普通说话

李总，您这字写得真不错，刚劲有力的，比我写的好多了。

高情商夸赞

李总，刚才看您签字，我一下就被吸引住了。这字迹刚劲又不失灵动，连笔之间尽显潇洒，一笔一画都透着独特的气场，感觉您的字就像您在商场上的决策一样，果断又有个性，真让人印象深刻！

夸赞技巧

高情商夸赞关键在于将字体特点与客户特质巧妙关联。首先，简单精准地将客户的书写习惯表达出来，让客户体会到你在认真观察并欣赏其字体；其次，继续深入挖掘字体背后反映出的客户性格或能力，"行云流水""刚毅""柔美"等赞美的词均可，从字上升到对客户个人的赞美，从侧面引申客户在工作和生活中的不俗之处，让对方感受到被关注和认可，从而有效拉近彼此的距离，同时可以成为后续话题的延伸。

嘴笨救星，不会夸就夸对方好看

销售场景

销售员文强在商场的电梯里偶然遇到了之前联系过的客户林女士。林女士身着一袭简约的修身连衣裙，恰到好处地勾勒出她优雅的身形。精致的妆容配上温柔的笑容，林女士散发着独特的魅力，这让文强眼前一亮。

普通说话

林女士，您今天看起来真漂亮啊，这衣服好看，人更美。

高情商夸赞

林女士，一见到您，我就被惊艳到了！这条连衣裙太衬您的气质了，简约又不失优雅，把您的身材优势也展现得淋漓尽致。再配上您这温柔的笑容，整个人光彩照人，让人都不忍心把视线移开。像您这样既漂亮又能力超群的女强人，在业内真的是屈指可数！

夸赞技巧

笼统地说"漂亮"并不能表达出想要的内涵，而且会显得轻浮。夸赞外貌的目的是迎合对方的穿搭、装饰等细节，挖掘美丽背后的内涵，从外在美延伸到对客户内在特质的肯定。

在表达自己的真实感受时，不要只强调美丽对个人感官的影响，最后还是要回到对对方能力的肯定，因为任何人都不想做一个"花瓶"。这样夸赞，才能让客户切实感受到被真正欣赏，从而拉近与客户的距离。

从气质着手，零失败开场话术

销售场景

在一场高端商务酒会上，业务员小刘与某公司总经理林先生碰面。林先生身着一套剪裁得体的深灰色西装，搭配浅蓝色的领带，在人群中侃侃而谈，举手投足间尽显自信从容。面对他人的提问，他总是面带微笑，条理清晰地回答，周身散发着成熟稳重的职场精英气质。

普通说话

林先生，真巧哇，在这里碰到您！您今天看起来状态不错，感觉特别有气质。

高情商夸赞

林先生，真是太有缘了，能在这里遇到您，实在是荣幸！刚才，大老远就被您身上那股果敢、干练的气质吸引了。您这一身西装搭配很有品位，浅蓝色领带更是点睛之笔。而且刚刚听您讲话，逻辑清晰、专业且自信，这成熟稳重的气质，直接就把我吸引到这里来了！

夸赞技巧

气质也是展现个人的"名片"，夸赞客户的气质，要精准描述细节，这是为了体现你对客户的关注并非只是嘴上说说。夸赞时，要表达自己真实的感受，让客户在切实感受到被欣赏的同时不会觉得赞美过于浮夸和吹捧。

9

私人物品藏着小情趣，千万别忽略

销售场景

这天，业务员小张前往常去的咖啡馆，与一位重要的潜在客户李女士不期而遇。李女士的手提包十分特别，她佩戴着一块简约风格的手表，表盘干净利落，表带与整体穿搭相得益彰。小张似乎胸有成竹，准备上前和李女士寒暄一番。

普通说话

李女士，真巧在这儿碰到您！您这包看着挺好看的，手表也不错，很有范儿。

高情商夸赞

李女士，能在这儿遇见您真是太有缘了！刚才突然被您包上的反光给吸引了，仔细一看，它的设计真是特别。还有这块手表，简约又不失格调，和您今天的穿搭完美搭配，您真会挑东西，眼光真的太独到了！

夸赞技巧

将物品与客户的特质联系起来，气质、穿搭、风格、品位等都能间接反映出对方的性格、心态、心情等诸多因素。

充分表达对对方的认可，让客户获得更高层次的满足感。还可以追加关于物品特殊意义的提问，作为话题延伸的"钩子"。

别夸工作狂，赞美工作习惯最靠谱

销售场景

晓乐在等待客户陈总时，陈总正在办公桌前有条不紊地忙碌着。文件分类整齐地摆放在一旁，电脑桌面干净简洁，只打开了几个工作相关的文档。陈总接电话时，迅速记录要点，结束通话后马上投入工作，专注又高效。晓乐突然计上心头，迅速在心里整理出这次重要沟通的开场白。

普通说话

陈总，您工作真有条理，文件整理得整齐，难怪您做事有效率。

高情商夸赞

陈总，看您工作真的是一种享受。光看文件的摆放，就能看出您严谨的工作态度，认真细致，一目了然。这几分钟我就学会了很多东西，尤其是记录通话内容要点的习惯，难怪工作效率这么高，上千万元的项目也能信手拈来！

夸赞技巧

工作习惯直接关系到一个企业的风气和发展，是非常值得挖掘的话题。表达对客户工作习惯的认可，可以让客户感受到被欣赏，又提升了他的成就感，还能为业务合作增添积极因素。可以与实际相结合，突出其工作成果，这是进一步扩大赞美的角度，使其意义升华。

幽默感来帮忙，
你的赞美就是跟别人不一样

销售场景

销售员小王与某意向公司的钱总约定进行产品介绍。在会议室里，面对复杂的产品数据和功能讲解，气氛稍显沉闷。这时，钱总突然对产品给出了一个幽默的比喻，瞬间打破了沉闷的氛围。他还调侃起自己之前试用类似产品时闹的小乌龙，绘声绘色的讲述让大家都忍俊不禁。

普通说话

钱总，您刚刚说得太好笑了，把大家都逗乐了，您真是太幽默了。

高情商夸赞

钱总，您一开口，一下子就把气氛盘活了。跟您的口才和智慧相比，我真是相差十万八千里。之前我还在疑惑，您公司里那种愉快的工作氛围究竟是怎么做到的，原来和您交流是这么愉快。难怪您的事业也能如此顺利，真是顺理成章啊！

夸赞技巧

开场给予正向反馈，从而获得对方的认同感。主动降低层次，自然而恰到好处地抬高对方，是对其优势的肯定，持续输出情绪价值。通过疑问引发赞美，会将赞美升级一个层次，引起对方的兴趣。最后再与对方的成功和工作风格建立关联，为后续的沟通树立一个标杆。

02 拜访跟进

销售 36 计，让客户想见你

做生意靠心态，开口前先放低姿态

销售场景

刘强为了扩展公司业务主动登门拜访一位重要客户王总。在聊天儿的过程中，他提及公司计划研发新产品，并与王总进行了深入的交流。刘强觉得这次谈话让自己收获颇丰，并准备针对王总的提议规划研发方向。在后续的拜访中，刘强决定把新点子带给王总，希望能够获得王总的关注。

普通说话

王总，通过和您上次的接触，我学到很多东西。现在有个新产品，您要不要了解一下？

高情商夸赞

王总，我上次来向您取经，果然帮我们打开了思路。您在行业里深耕多年，积累了深厚的经验和独到的见解，有了您帮我们指引方向，真的让我们少走很多弯路。这次的新产品计划，也许能让您眼前一亮。要不，您再帮我们把把关？

夸赞技巧

真诚与尊重一定是与客户沟通的首要前提。适当降低姿态，以低姿态的身份入场，可以突出客户在行业中的地位和专业能力，满足客户的成就感，让其更愿意分享需求，从中找到合作的契机。

借他人之口，悄无声息拉近距离

销售场景

行业研讨会上，张帆正四处交流拓展人脉，偶然碰到了一直想合作的客户赵总。但张帆和赵总没有正式见过面，于是他并没有贸然上前攀谈，而是先和赵总的助理聊得火热。这次聊天儿给了张帆很大启发，他很快就有了和赵总沟通的办法。

普通说话

赵总，刚才和您的助理聊了聊，他说您业务能力挺强的，解决问题很厉害，确实有两把刷子！

高情商夸赞

赵总，您好！能偶遇您太荣幸了！虽然咱们是第一次见面，但我和您的员工们已经是老熟人了。他们对您都是赞不绝口，所以一直以来我都对您十分敬佩和好奇，期待能有幸和您见上一面。今天终于如愿以偿，希望您能不吝赐教哇！

夸赞技巧

表示和对方的朋友或者员工的关系亲密，可以拉近彼此的距离，引起对方的兴趣。另外，这种小招数还能增加聊天内容的可信度。

突出自己对于对方的敬佩和好奇感，也能降低被拒绝的可能性。

巧用朋友圈，展开话题轻松破局

销售场景

夏丽在贸易会上结识了很多潜在客户，她还和某公司的孔总互加了微信。夏丽觉得孔总的资源很好，很适合合作，于是决定去拜访。在拜访前，她特意向前辈请教经验，如何迅速拉近关系，增加签单的可能。前辈指了指朋友圈，聪明的夏丽心领神会。

普通说话

孔总，我看您朋友圈发的登山照片了，风景挺好的，您这爱好真不错。

高情商夸赞

孔总，一进办公室我就想跟您说，您朋友圈的登山照片真的太酷了！尤其是站在山顶俯瞰山河的那张，那种征服自然的豪情都把我惊呆了。您下次还什么时候去登山？我能不能有幸一起呢？我也想体会体会那种感觉！

夸赞技巧

通过朋友圈，可以获知对方的喜恶、习惯、人脉、工作等细节，利用它们可以更自然地展开话题并找到话题的延伸点，而不至于尴聊开场。

朋友圈是沟通的开场素材，也是客户的"画像"，适合向其推荐什么业务，从什么角度切入主题，也是朋友圈的重要功能之一。

融入对方的爱好是重要的一步，假如拥有共同爱好会更方便日后见面和交流，即便无法形成订单，也可能发展成志同道合的朋友，从而扩展人脉。

客户冷脸，先把成就感拉满

销售场景

小陈按约定时间来到客户林总的办公室进行回访，本以为会是一次常规的业务洽谈，可林总只是简单点了点头，示意他坐下，全程面无表情，态度冷淡。小陈心里一紧，不停地环顾四周，他注意到林总办公室墙上挂满了各种行业奖项和团队合照，心里一直在盘算该怎么缓和尴尬的气氛。

普通说话

林总，您好像不太高兴啊？怎么，这是有什么问题吗？

> **高情商夸赞**
>
> 林总，真不是吹捧您，每次进您办公室我都会被震撼一次！这满墙的荣誉，得付出多少心血呀！我看那边又多了几个新奖项，看来是我工作疏忽了，以后还得常来拜访，跟您取经啊！

夸赞技巧

能把奖状挂在墙上的人，一定十分重视荣誉，也同样想让别人看到和认可。选择以奖项为切入点，更能唤起对方的共鸣；强调付出与实力，是赞美的延续，为了让客户感受到自身努力被认可，满足其成就感，缓和尴尬的气氛；试探性地承认错误，是为了吸引对方的注意，引导客户就题发挥，为探明客户冷脸的真正原因埋下伏笔，从而更有针对性地打破目前的僵局。

拜访遭拒，美食搭桥延续好感

销售场景

小刘计划拜访客户陈总，却被陈总以行程排满为由拒绝。几天后，小刘在商场偶然遇到陈总，只见陈总手里提着好几袋某知名烘焙店的点心。小刘灵机一动，主动上前打招呼。

普通说话

陈总，您也买这家的点心哪，味道还不错。我知道附近还有一家店，下次一起去呗，顺便再聊聊合作的事儿。

高情商夸赞

陈总，太有缘了！一看您挑的这些点心，就知道您是个对生活品质有追求的美食达人。这家店的点心用料讲究，口感细腻，您这眼光太独到了，肯定尝过不少美食。最近我发现一家超棒的西餐厅，菜品创意十足，特别符合您的品位，等您有空，咱一起去体验体验？

夸赞技巧

"民以食为天"，美食也是用来延续好感的桥梁之一。留意客户与美食相关的细节，如出身、偏好、禁忌等，都和饮食喜好有分不开的关系。

夸赞客户喜欢的口味，也是在满足客户的情绪价值。巧妙地利用美食提出见面意愿，以共同体验美食为契机，为后续合作交流创造机会，避免让客户觉得是在强行推销，让沟通更加顺畅，从而延续与客户的好感。

对方犹豫不决，让他坐上话题 C 位

销售场景

小吴主动登门拜访客户李总，洽谈合作项目。李总虽然对方案有兴趣，但一直犹豫不决。小吴看到墙上挂着很多李总参加各种会议的照片，于是灵机一动，想到一个说服李总的办法。

普通说话

李总，您就别犹豫了，我们这个方案真的不错，对您公司肯定有好处，您就放心合作吧，机会难得。

高情商夸赞

李总，您在行业里可是有影响力的人。从您参与的这些研讨会就能看出，您对市场趋势的把握既精准又独到。这次合作，我想您一定不会看不出其中隐藏的巨大商机。我特别期待您能从专业角度多提意见，您的想法对我们完善方案、达成双赢太关键了！

夸赞技巧

在表达中，将对方的成就放大，抬高其地位，可以有效激发其表达欲。

双重否定的句式表面上是在夸对方，但实际上却是在巧妙施压。这会让对方不得不重新考虑当前问题，而且带有强烈的心理暗示作用。

强调客户的重要性是关键中的关键，合作共赢、名利双收，恐怕没有谁面对双重诱惑还能够拒绝。

既然谈不拢，那就夸到他妥协

销售场景

小王按照约定时间，前往客户刘总的公司商讨合作方案。会议室内，二人围绕合作细节展开讨论，然而，针对产品的定位问题，双方产生了严重的分歧。刘总眉头紧皱，言辞坚决，气氛逐渐变得紧张起来。

普通说话

刘总，您说的这个定位真不太合适，市场反馈肯定不好。我们的想法才是对的，您就听我们的吧，不然这项目不好推进。

高情商夸赞

刘总，您先别着急。我一直都特别佩服您和您的团队，就说贵公司前段时间推出的那款热门产品，从研发到市场推广，每一步都做得特别漂亮，精准地抓住了消费者的需求。您在产品定位上肯定有独到的见解，我特别想再听听您的想法，说不定我们能碰撞出更棒的火花，让这次合作项目也能像那款产品一样成功。

夸赞技巧

解决与客户的意见分歧，先要软化对方的情绪。你可以真诚地赞美客户过去的成绩和亮点，让客户感受到被认可。同时，也要表达对客户专业能力的信任，使其打消顾虑。另外，强调共同目标，引导客户从对立转向合作，这也是打破僵局的关键。

是人就有好奇心，让客户主动靠近你

销售场景

在一场行业展会的休息区，销售员小林偶然遇到了潜在客户赵总。赵总正和同行们热烈讨论着最新出台的行业政策，眉头微皱，似乎在思考政策对自身业务的影响。小林见状，主动上前打招呼，开启了与赵总的对话。

普通说话

赵总，您好！我听说您在聊新政策，我也知道一些，顺便给您介绍下我们公司针对新政策推出的新服务，您听听呗。

高情商夸赞

赵总，我一过来就听到您对新政策的见解，真不愧是行业里的资深专家！您对政策变化的敏感度和思考深度，让我特别佩服。我们的一款产品中，正好有专门提供这类信息的板块，而且还有更为精准的参考数据，可以协助您分析业务方向。您什么时候有时间，可以随时联系我，我很乐意为您演示一下。

夸赞技巧

用夸赞吸引对方，投其所好让对方产生兴趣，这是一套组合拳。产品介绍完，还要"锦上添花"，才能把好奇心放大。比如小林介绍的数据功能，正是分析了对方的潜在需求。

灵感最无价，启发式称赞客户

销售场景

在一场热闹的行业交流会上，销售员小王正四处与人交流，偶然间和客户李总碰上了面。一番寒暄后，二人聊起了合作。李总突然灵光闪现，提出一种将线上线下资源深度融合的合作模式，既能扩大品牌影响力，又能精准触达目标客户。小王心中一动，知道这是个难得的好点子。

普通说话

李总，您这想法挺新颖，不过执行起来应该挺麻烦的，我们之后再研究研究吧。

高情商夸赞

李总，您这头脑简直太厉害了！一下就想出这么创新的合作模式，把线上线下资源完美结合，这独特的视角和前瞻性的思维，简直让人拍案叫绝！按照这个思路推进，合作肯定能达到前所未有的高度，您可真是我们合作的灵魂人物！

夸赞技巧

既然认可客户的想法，那为什么不附加一份赞美呢？既满足客户的功能需求，又满足他们的心理需求，这才是好销售都在做的事情。

夸人也有很多门道，让客户切实感受到自己灵感的重要性，全在你怎么去夸，"全力推进"恐怕就是重视最直接的体现。

回敬赞美——最高级的夸奖

销售场景

小孟受邀参加客户公司的年会。酒席间，对方的业务经理秦总突然端着酒杯走了过来，秦总主动给小孟敬酒，并且和他闲聊了起来。话语间秦总对小孟的人品和能力大加赞赏。小孟感到受宠若惊，在这种情况下，他应该如何回应才最合适？

普通说话

秦总您过奖了，我哪有您说的那么优秀。还得拜托您日后多照顾我的业务哇！

高情商夸赞

秦总，您可是出了名的高标准、严要求，平时很少夸人的。今天能得到您的称赞，我真是受宠若惊！您的夸奖我满心欢喜地收下了。能跟您合作，而且还能在一起吃饭畅聊，我觉得很自豪！来，这杯我先敬秦总，明年还能不能被夸，就仰仗秦总了！

夸赞技巧

对于客户的夸奖，"谢谢"会显得单薄，对方以赞美相敬，就应该以赞美回敬。

自己的业绩建立在客户的信任之上，说"能结识客户而自豪"也是为了抬高客户，增加对方的成就感，这种夸赞就比对方还上了一个台阶。

23

03 解答疑虑

夸着夸着问题就没了

客户用竞品说事，你猛夸他的实力

销售场景

小赵的客户李总突然打电话说不想继续合作了，他便第一时间赶往李总的公司了解情况。两人寒暄几句后，李总皱着眉头说："你们公司的产品我还在考虑，我看其他产品在功能上更丰富。"小赵听完慌了神。

普通说话

李总，功能多不代表实用，我们产品的功能都是经过市场验证的，更能满足您的需求。竞品那些功能看着花哨，实际用处不大。

高情商夸赞

李总，您的企业在行业里的分量就不用我多说了，谁不渴望跟您长期合作呢？贵公司的实力和您个人的卓越眼光那是有目共睹的，您的决策肯定经过综合考量，假如我们不符合您的标准，当初怎么可能被您选中呢？我知道，您更注重产品的长期价值，提供符合您需求的功能也是我们的义务之一，而且完全能够匹配您的高标准。所以，您完全没有必要担心。

夸赞技巧

肯定对方的专业眼光是为了体现自身实力，暗示被选择是因为自己的产品有可取之处。直击要害，表达与竞品的区别。这样一来，完全消除了对方的疑虑。

一夸便知深浅，
一招儿把质疑变成优势

销售场景

小孙正在为合作公司的郑总介绍产品。他详细讲解完产品后，郑总提出疑问："我感觉你们这款产品在创新方面有所欠缺，现在市场竞争激烈，恐怕现有的功能很难吸引我们的眼球哇。"

普通说话

郑总，我们产品胜在稳定可靠。您就放心选择吧。

高情商夸赞

郑总，您对市场趋势的敏锐把握和对创新的高要求，真的让我十分钦佩。但我认为，这正是我们的优势所在。这款产品的功能，正是基于对市场和客户需求的深度研究。我们更注重用户体验，让您这样的大企业用上最成熟、稳定的技术，解决实际问题才是最重要的。把不完善的新功能推向市场，这也是在浪费彼此的时间和精力。我想，以您的智慧一定能权衡出其中的利弊。

夸赞技巧

化解这些质疑的重点，就是要引导客户改变看待问题的角度。比如客户质疑产品的创新性，但创新就意味着面临试错成本，就需要让客户了解把产品变得更好用，比用创新做卖点要更加实际。成功将客户的质疑转化为产品优势，这才是应对这类问题的基本逻辑。

对标行业大佬，夸人也能"一箭双雕"

销售场景

　　小陈带着精心准备的合作方案来到客户王总的办公室，双方就合作事宜展开讨论。交谈中，王总对小陈的合作方案提出了质疑。但小陈早有准备，他是这样回答的。

普通说话

　　王总，您说的问题我们都能解决，要不您再考虑一下？

高情商夸赞

　　王总，听了您刚才的分析，我一下就想起行业内的另外几位重量级人物，您的见解和他们一样独到且深刻！就像李总和陈总，最开始他们也有同样的顾虑，但经过多方考虑之后，最终还是采纳了同样的方案。王总，您如此明察秋毫，对比一下应该就能知道，这套方案才是最有性价比的。

夸赞技巧

　　用案例说话是最明智的做法。为了抬高对方的身份，把对方与行业大佬类比，为下一步化解问题做铺垫。在认可对方见解的同时，把前面提到的高端案例分享出来，可以让对方在认识上发生转变：其他企业也采纳了同样的方案，证明这个方案有它的优势之处。最后在夸赞中再点出主题，这样的方式会让对方更容易接受，一方面是给对方台阶下，另一方面是为了委婉地提醒对方重新审视这次合作。

明着抬高对方，暗中抬高自己

销售场景

展会上，某公司的赵总对郝娜公司的产品产生了兴趣。但看过之后，赵总却皱起了眉头，提出了自己的质疑："你说这款产品质量好，可看着材质似乎有点儿单薄，我有点儿担心耐用性。"郝娜微笑着作出解答，最后成功签下了这笔订单。

普通说话

赵总，您放心，我们的产品质量真没问题，这材质经过了各种测试，肯定耐用。

高情商夸赞

赵总，您果然慧眼独具，一眼就看出我们产品的不同了，不愧是行家里手。我们这款产品选用的是新型材料，看似轻薄，实际强度是传统材料的两倍，经过了上千次的耐用性测试，就为了匹配像您这样高标准客户的需求，绝对能让您满意。

夸赞技巧

夸赞对方，有时也是为了证明自身不俗。适当地运用反转，自然地引出产品特点，借着抬高客户的同时将产品和服务也抬高一个层次。其精髓就是：我只为像您这样的高端用户提供高端产品或服务，无形中提高了自身的身价，这是很多销售高手在用的策略。

专业的人干专业的事，
夸人也得专业些

销售场景

小赵正在给客户陈总演示一款产品，但客户对部分功能提出了一些疑虑。销售经理小李正好听到了他们的对话，他便主动上前与客户打招呼，并加入了讨论。他仔细聆听客户的想法，准备找机会说服对方，把这笔订单拿下。

普通说话

陈总，您说的这个问题其实不复杂，我们产品的技术很成熟，肯定没问题。

高情商夸赞

陈总，听您对技术细节的分析，就知道您在这方面是行家！您提出的疑问特别专业，这也说明您对产品技术有着深入的研究和极高的要求，真是佩服。因为怕一般的客户听不懂，我们往往只做基本的介绍。为了让您更好地了解这款产品，我想为您深入介绍一下它的技术特点。

夸赞技巧

在深入介绍产品之前，夸赞客户是一个很好的方法。它的好处体现在：一是，可以表达尊重，拉近与客户的心理距离；二是，能够给接下来的解答创造更多的话题空间。在进行深入介绍之前，也要注意询问引导，试探对方的意愿，以免浪费彼此的时间。

他用洞察力掌控全局，
你用赞美拿下订单

销售场景

某公司的陆总是小黄的公司一直想要合作的客户，但由于陆总是行业专家，十分懂行，要求也十分严苛，一般的业务员根本就无法说服他。于是，公司派出了最有经验的小黄，势必要啃下陆总这块"硬骨头"。

普通说话

陆总，我们公司真的很重视您这个客户，只要您同意合作，请尽管提要求。相信我们之间的合作一定会很愉快。

高情商夸赞

陆总，您的洞察力在行业里称第二，我敢肯定没人敢称第一。说实话，这也是我们想要迫切和您合作的原因之一，您的意见和建议可谓字字千金，谁能跟您合作，谁就能把这块业务"吃透"了。虽然我不敢说我们是行业最强，但有您的参与，我预计离最强也只差一纸合同了。

夸赞技巧

明智的人在选择合作伙伴时，并不一定会选择强强联合，会更注重持续发展。在合作中，话语权相当重要，这也是决定利益分配的重要因素。在给予对方充分的尊重与肯定的同时，无形中也是在向对方暗示答案。但凡事有度，不要过度殷勤和奉承，反而要不卑不亢，句句玄机，这也是一种高级的心理博弈。

获取信任的关键不是吹捧，而是认同

销售场景

小陈刚接到客户负责人赵总的电话，他对小陈公司的售后服务不太满意，感觉响应速度太慢了。这让小陈十分紧张，但他在经过简单的思路梳理之后，耐心地回复了赵总。

普通说话

赵总，您放心，我们售后速度不慢，之前可能是个别情况。有问题您随时找我们，我们肯定会第一时间处理好，您别担心。

高情商夸赞

赵总，特别感谢您直言不讳地指出我们的问题。您说得非常对，如果一个企业的售后做不好，那就等于自砸饭碗。您放心，我们比客户更重视用户体验，售后这一块也在我们的优化计划之中。不久之后，就能让您享受到 24 小时快速响应的售后服务了。到时候还得请您多提宝贵意见哪。

夸赞技巧

真诚地认同客户的担忧，会让客户感到被理解，从而在一定程度上缓解负面情绪，此时运用适度的夸赞就显得尤为重要了。

针对客户的疑虑，给出切实可行的解决方案，也是比较实际的做法。有态度还得有动作，向对方展示解决问题的能力和诚意，这对双方合作来讲都是一种保障。

遇到细节控，那就试着放大细节

销售场景

公司销售员小吴正热情地向前来了解产品的孙总进行细致的介绍，孙总听得很认真，突然指着产品的一个小部件说："这个连接处看起来有点儿粗糙，不会影响使用吧？"气氛一下子变得微妙。

普通说话

这连接处看着粗糙，但是不影响使用，我们的产品质量都是经过严格把控的。

高情商夸赞

孙总，看来您确实在认真了解我们的产品，我非常感激！只有像您这么专业的客户才能注意到这个细节。其实，我正准备着重介绍这里，它看似粗糙的设计，背后却隐藏着我们的巧思。它的特殊工艺，是为了增加稳固性。别小看这个小设计，未来它能为您节省一笔不小的成本。

夸赞技巧

前面提到过把客户的疑问转化成优势，这个案例则是它的升级版。除此之外，把提升客户专业度也融合进应对策略，使得解答疑惑时更有说服力。假如能在实际运用中增加一些数据和实际案例，用来突显产品在细节上的用心，则能更好地消除客户的疑虑。

对方思路新奇，也要夸得天马行空

销售场景

客户经理小周正在向大客户林总汇报合作情况。在进行完常规汇报后，林总突然眼睛一亮，兴奋地说道："我突然想到，你们可以用互动直播来增加品牌的曝光度，这也能带动我们公司的形象。"小周该怎么接话呢？

普通说话

林总，您这个想法挺特别的，不过直播互动实现难度大，成本也高，还不一定有效果，我看还是按常规的宣传方案来吧，这样比较保险。

高情商夸赞

林总，您这想法真是太有创意了！我觉得还可以引入虚拟主播，满足不同人的审美喜好，提高用户黏性。只是，想短时间内就实现这些，恐怕得让您失望。不过，这件事情一定会尽快提上日程。我建议咱们分两步走，既不会打乱现在的计划，也能争取到足够的容错时间，您觉得呢？

夸赞技巧

不管客户的想法有多新奇，直接反驳都不是明智之举。

对客户的想法给予充分肯定，顺着思路拓展，提出引入虚拟主播，进一步凸显想法价值。接着，坦诚困难，同时给出分两步走的方案，既照顾到现实，又保留想法推进的可能。

不怕对方提问题，
就怕不会"借鸡生蛋"

销售场景

小任正向一位客户推销一款商品，客户却不以为然地问道："我最近看了不少家的产品，功能和你们的差不多，你们的产品优势在哪呢？"幸好小任早有准备，她淡定自若地向客户解释道。

普通说话

我们的产品当然和他们不一样，功能细节上比他们强多了。虽然看着差不多，但用起来就知道我们的好了。

高情商夸赞

您对产品功能的关注太到位了！像您这么在行的人还真不多。您提到的那些品牌的确销量不错。不过，我们的产品对标的是某国际一线品牌。我们的核心部件和他们用的是同一个厂家的，并且享受同样的售后服务标准。同样的价格，却能享受到更为高端的品质，我想这应该是我们最大的优势了吧。

夸赞技巧

肯定客户的疑虑是能够继续沟通的前提，在其中夹杂一些赞美之词也是提升品牌服务形象的策略，还更有助于让客户保持耐心。

为了让解答更令人信服，可以选择其他知名度更高的竞品，这反而能突出自己产品的性价比，这就是所谓的"借鸡生蛋"。

客户施压时，用夸来化解

销售场景

小赵最近正在和老客户李总洽谈新业务，眼看就快签约了。可是李总却突然来电话说，其他竞品公司已经开始了抢单大战，他们承诺提供的售后服务特别全面，不仅有专属客服，还能做到 48 小时内上门维修。李总要求小赵提供同样的售后标准，如果小赵的公司做不到就中止合作。

普通说话

李总，他们说的那些我们也能做到，我们合作这么久了，您还不了解我们吗？

高情商夸赞

李总，感谢您能如实相告。您没有直接和其他公司签合约，而是先跟我们联系，这正说明了您对信用的看重！您的疑虑很正常，请原谅我没有和您介绍清楚，我们针对您这样的客户，提供的都是一对一的管家式服务，而且 24 小时内上门维修。您可以随时和我联系。

夸赞技巧

针对客户的施压点，最好的回应是突出自身优势，用具体且优于竞品的服务承诺来回应客户，一方面能展现企业实力，另一方面可以让客户相信自己的选择是明智的。当然，要根据自身情况量力而行。

被戳痛时夸回去，反而让对方高看你

销售场景

小芳是一个小众品牌的代理。一天，一位顾客来到店里，小芳热情地向她介绍产品。没想到，顾客说了一句："我就是路过，你家这个牌子我都没听过！"小芳克制住了情绪，准备向顾客好好宣传一下自己的品牌。

普通说话

您说得没错，但那么多品牌，您也不可能都认识。如果您都拒绝了解，又怎么可能真正了解别的品牌呢？

高情商夸赞

您说得真在理。很多来店里的顾客也是跟您说的一样，但最后却是带着惊喜离开的。我们店刚开业，在宣传力度上做得的确有欠缺，看来还真得多下功夫。正好，您也来了，要不我就带您转转，顺便介绍一下？与那些大牌相比，我们家的可能更有性价比呢！

夸赞技巧

面对顾客戳心的质疑，反唇相讥一定不是最好的回应方式。相反，夸回去可能反而会让对方高看你一眼。夸是认同感建立的钥匙，想留住顾客，就先留住他的心。感觉到被认同，敌意和防卫心理就会降低很多，也有利于良好品牌形象的建立。

04 策略攻心

巧赞眼界，打开格局

80% 的销售都不懂，
欣赏才是成交的开始

销售场景

这天，鹏程受邀来到赵总的公司参加活动，他格外重视和对方的合作。造访结束后，赵总亲自带队欢送鹏程，这让鹏程十分意外。此时，鹏程意识到，这正是与赵总拉近关系的好时机。

普通说话

赵总，这次真的不虚此行，领略了贵公司的企业文化，让我很受触动。我们很想与贵公司合作，不知道您有没有意向？

高情商夸赞

赵总，您百忙之中还亲自送我，真让我受宠若惊。都说赵总为人亲和，我看也是夸得有些保留了。走进贵公司就有一种家的感觉，成为您的员工真是幸福。您的讲演也让我深感震撼。一见到您，我就像看到了我们老总。如果您和他见面，肯定也会惺惺相惜。假如哪天您想见他，告诉我一声，我来牵线搭桥，如何？

夸赞技巧

可以挑选员工或其他客人在的场合表达欣赏，给对方加倍的满足感；制造错觉或利用类比表达亲切感，可以更好地拉近距离并引出话题；用预约下次见面或引荐领导之间的会面作为试探，也能探明对方的态度。

让对方知道，你能解读他的需求

销售场景

一个销售员正在向客户推销一款定制化智能产品。但客户却皱着眉说："我觉得可以设计成白色，体积再小一点儿就好了，最好能有语音控制和防盗功能……"销售员经过短暂的思考后，准备与客户沟通一下。

普通说话

您说的这些我们会尽量满足，不知道您会订多少台呢？如果数量少的话可能没办法实现您的需求呢。

高情商夸赞

好的，您说的这些我都记下了。我想，您订这批货物应该是用于酒店这类场合吧？您想得真是周全，色调搭配、空间占用、便捷和防盗都考虑到了。我觉得您还可以增加一个一键连通服务，可以直接从房间和前台联系。不过，修改外观设计可能得重新开模，运作周期比较长。如果您想加急处理的话，只需多预付 10% 的定金即可。

夸赞技巧

不要只笼统地说"您想得真周全"，而是要具体指出周全在哪里，比如"色调搭配、空间占用、便捷和防盗都考虑到了"，让客户切实感受到被认可，进而拉近关系，获取对方的信任。

高情商才有好人脉，
好人缘才有好机缘

销售场景

某公司张总组织了一场热闹非凡的商务晚宴，销售经理李峰也参加了宴会。酒过三巡，张总兴致勃勃地分享起自己一次成功的业务合作，李峰从中捕捉到这是增进彼此关系的机会。

普通说话

张总，您人脉挺广的呀，以后还得多向您请教怎么拓展人脉。

高情商夸赞

张总，感谢您今天的款待。说句真心话，光看今天出席宴会的阵容，就已经感受到您的格局了。能结识这么多志同道合的伙伴，拥有这种影响力，真让其他人望尘莫及呀！假如张总不嫌弃，以后还请多多赐教，哪怕学些皮毛，我也能混得风生水起了！

夸赞技巧

从客户的人脉关系来引申夸赞其格局，会大大增强可信度。

将人脉和格局的话题延伸到事业上，让客户感觉自己被人理解，话题更容易开展。

表面上是讨教学习的玩笑，实则是发出分享人脉关系的邀请，无形中也抬高了所有人的地位，又不至于显得太过谄媚。

谁能看透行业，你就和谁谈生意

销售场景

一场行业论坛上，精英齐聚。销售总监王可认真聆听了每位嘉宾的发言。某公司的李总让他十分欣赏，他的发言深深地吸引了王可。于是，王可决定进一步接触李总，以促成双方的合作。

普通说话

李总，您今天所说的行业趋势，我们公司也早就关注到了。我觉得我们的理念非常搭，您有没有兴趣和我们合作？

高情商夸赞

李总，提前恭喜您，明天又是行业周刊上的头版头条。您今天的发言，深深震撼了我。尤其是那句"行业的未来就是注重未来"，简直是点睛之笔。我十分赞同您的观点，我相信业内人应该都对您的洞察力深信不疑。不知道我有没有那个荣幸，能坐下来继续听您深入聊一聊呢？

夸赞技巧

对发言的点评，尤其引用其中的金句，能让对方感觉自己的观点和表现受到了重视，满足感提升的同时，好感也会上升。引用并有针对性地点评，是为了增加可信度和认同感。

借用他人之口夸奖的技巧，这里也是一个经典运用。最后委婉地表明来意，在接下来的聊天过程中择机谈合作，能够大大增加成功率。

别再说高瞻远瞩，现在叫"预判了你的预判"

销售场景

小玲是某汽车经销店的销售冠军，她正向顾客推荐一辆汽车新品。这位顾客显然是有备而来，对于小玲的各种推销策略都无动于衷，而且提的问题都很刁钻。有经验的小玲当然也有应对之法，为了拿下这笔订单，她拿出了压箱底的"绝活儿"。

普通说话

先生，您问的这些问题有点儿太极端了。我们的车，无论质量还是价格，您都可以放心，您要是现在能订，价格还能再商量。

高情商夸赞

先生，一跟您交流我就知道您是行家！您提的这些问题，可不是一般消费者能关注到的。既然您这么了解，肯定知道这是今年的新款。功能我就不多做介绍了，我帮您准备了一些内部资料。价格这点您放心，只能说我给您的价格，在别人那儿绝对享受不到。

夸赞技巧

先要肯定客户的眼光和专业度，不光是为了获得好感，也是为了下文做铺垫。迅速跟进客户的关注点，预判客户可能提出的下一个问题，提前准备好应对策略，同样十分关键。

夸人有眼光，也展现了你的眼光

销售场景

在展销会上，一位顾客对王丽公司的一款新推出的平板电脑十分感兴趣。顾客问了很多关于平板电脑的细节问题。王丽觉得这是一次成交机会，必须趁热打铁，确定交易意向。

普通说话

我们这款平板性价比超高，现在购买还送配件，您要是觉得合适，就赶紧下单吧。

高情商夸赞

先生，你的眼光太牛了！一眼就挑出了我家的旗舰产品。看来您对数码产品很了解，品位也相当高。这款平板就是为数码达人专门打造的，刚刚推出，还在口碑积累期，现在把它拿下，绝对超值！

夸赞技巧

直接且真诚地对客户的眼光表示赞叹，能快速赢得客户的好感，营造积极的沟通氛围。

深入挖掘客户眼光背后对产品体验的高要求和专业认知，能让客户感受到被理解，从而使之更好地倾听介绍。

突出产品特点，与客户需求挂钩，及时给出促成订单的暗示和性价比诱惑，能有效推动交易达成。

肯定"战略思维"，
就是肯定对方成功

销售场景

小赵在与客户李总沟通广告方案的时候，李总对其中的计划提出了意见，几乎推翻了小赵之前的规划。小赵觉得李总在战略谋划上十分有前瞻性，但他十分担忧，如果不能正确表态，恐怕这笔业务将化为泡影。

普通说话

我们可以在方案中体现您的战略布局。但这个方案的思路是以产品本身出发，和您的战略并不冲突，您看要不要先考虑先采纳这个方案？

高情商夸赞

李总，听了您这一番分析，我真是佩服得五体投地！您对市场趋势的敏锐洞察和精准把握，说明您的战略思维太强大了。您提出的这些优化方向，十分吸引眼球，对方案来讲是加分项。有您坐镇指导，项目想不成功都难，我这就去安排整理下一个版本给您过目。

夸赞技巧

肯定对方的战略思维就等于肯定对方的成功。在赞美中引用对方意见中的亮点是为了展现积极作为和认真聆听，这是为自己加分的妙招儿。

夸赞客户并不一定是为了恭维，而是基于保持在良好的氛围中解决现有问题。为客户提供战略价值也是服务优势和价值的体现，一味地执着于自己的方案很可能适得其反。

聪明的客户，更喜欢聪明的销售

销售场景

小张在服装店工作，她的销售业绩一直很好。小刘是刚入行不久的新人，在销售技巧上略显稚嫩。小刘向小张取经，于是小张给小刘实际演示了怎么针对不同对象运用不同的夸赞技巧。

普通说话

您看中的这款衣服很适合您。相信我，穿上它，您会漂亮十倍！

高情商夸赞

针对孕妈：您状态真好！这件衣服设计独特，特别衬气质，孕期穿上它也能美美的。

针对中年女人：姐，一看您的品位就很好！这件衣服的板型和材质都很高级，穿上特别显年轻！

针对商务男士：先生，这套商务西装面料上乘，手工裁剪，穿上更显您的精英风范，出门谈生意，谁都得高看您一眼！

夸赞技巧

在夸赞中准确击中用户的需求和痛点，能大大增加成单率。比如，孕妈会兼顾安全、美观和舒适；中年女人看重显年轻的衣服；商务人士更注重气质和质感等。抓住这些特点，运用不同的夸赞策略，即使再精明的客户也能被轻松拿捏。

戳中客户的需求，胜过一万次推销

销售场景

小文是一位房产销售。这次，他接手了从其他同事那里转过来的客户，对方想给父母买一套房。小文应该怎样为客户选房，又该如何运用夸赞的技巧促成这笔订单呢？

普通说话

相信我，没有比这个房子更便宜的了，性价比很高。假如您今天能定下来，还能给您优惠。

高情商夸赞

您真的非常孝顺，我非常感动！这个小区的房子很适合您：首先，这个小区的住户以退休干部为主，您父母能找到很多有共同语言且有素质的邻居，他们不会觉得孤单；其次，这个小区配套成熟，买菜、遛弯儿都相当方便；最后，最重要的是离您住的地方很近，您可以随时回来看望老人。

夸赞技巧

面对潜在客户，把格局打开，认真研究他们的真实需求，这可能是最有效的成单技巧。表面随口的夸赞其实也是用心良苦。正因为被孝心感动，所以才为其精心挑选合适的房子。这会把自己的品格和用心更好地展示给客户，从而加速信任感的产生。

"格局"这个词太灵了，请慎用

销售场景

一位顾客来到小美工作的手机店。小美为他耐心地介绍了2个小时，顾客看了一款又一款，却始终没有下单的意思。小丽也替小美着急，于是准备过去帮她说服这位顾客。

普通说话

您看了这么多款，都没有合适的吗？那您就听我的吧，这款最适合您了，便宜又好用！

高情商夸赞

先生，您是不是也有点儿累了？我们店里的手机型号多，挑花眼也很正常，让我同事也歇一会儿，我帮您看看吧。一看您这么仔细，就是个务实的人。但有时候买东西，咱们也得打开格局，有所取舍，贵不贵不重要，合适才最重要。我觉得这款型号功能够用，又比顶配便宜好多。不好用了就换掉，也不心疼，您说是不？

夸赞技巧

"格局"的使用应当恰当，否则很容易被误解。及时进行引导和解释很重要，这是一种关于消费观的"格局论"，意在让客户放弃之前的选择标准，引导其接受自己的观念。

会聊天儿的人，一定能听懂你在夸他

销售场景

一位女士来到某化妆品柜台，她要求导购为她介绍一下最近的口红新品。导购微笑着迎上去，便开始了介绍。但是没说几句，这位女士就转头奔向另一个化妆品柜台，另一位导购走过来热情招待。她会怎么介绍？

普通说话

你看中的这款口红，是这个商场里最好的，您完全没有必要再去其他柜台作比较了。

高情商夸赞

女士，您在那边柜台的时候，我就注意到您了。您真的很时尚，来这儿就来着了！这款新品口红最近爆火，您知道为什么吗？顾客们说用了它之后，别的产品都不想再用了，因为它非常润，颜色非常吸睛。当然，价格也要贵很多，如果您想要更有性价比的款式，还有其他的，我给您推荐一下？

夸赞技巧

卖什么样的产品，就夸客户哪方面的好。卖美妆产品，夸客户时尚；卖电子产品，夸客户潮流；卖衣服，就夸客户身材好，是衣服架子。一个有情绪价值的销售，更容易让顾客喜欢。

05 价格博弈

夸得有多妙，价格就多高

顾客越会算计，你就越要夸

销售场景

家电卖场里，一位顾客一边研究着一款冰箱，一边抛出一连串问题："这冰箱能耗多少？保修多久？价格能不能再优惠些？赠品都有啥？"小李立刻判断出这是一位十分精明、很会算计的顾客。他该如何回应呢？

普通说话

您刚才问的问题，在说明书上都有，价格真没多少下降空间了，赠品也就这些，我确实没办法。

高情商夸赞

您真是行家！问的问题都直击要点，对产品了解这么透彻，肯定对比了不少品牌。这款冰箱是一款节能产品，省电又耐用，性价比超高，赠品又多又实用。像咱们家里买冰箱，真的要仔细挑选，不然买回去一个娇滴滴的"公主"得费多少精力和金钱在它身上。您说是不？

夸赞技巧

顾客的挑剔程度和成交概率之间不存在必然联系，关键就在于如何处理顾客关心的问题。反而某些时候，挑剔的顾客更容易成单。

要和客户建立好沟通氛围，留住客户才有成交的机会。适度地运用赞美是留住订单的秘诀，站在顾客的角度解答问题，会显得专业而有同理心，这才是让顾客产生付款意愿的基础。

遭遇"货比三家"，
一定要记住这句话

销售场景

小郝和意向客户戴总沟通了很多次。今天，小郝带着合同去找戴总，没想到对方突然一反常态，坚决地对小郝说："我了解到，别人家的报价更低。谁的价格低、东西好，我就跟谁签！"小郝非常着急，不知如何是好。

普通说话

戴总，我们给的报价真的已经是最低了，别人家的质量肯定达不到要求。要不然，您再考虑考虑？

高情商夸赞

戴总果然是个直性子，有啥问题就说啥问题，我就喜欢跟您合作！您知道，一直以来您都是我的优质客户，所以我给您的自然是价格到底、品质最优、服务最好的方案。以您纵横商海多年的经验一定懂得，价格的差距就是品质的差距。咱们买东西也许会买贵，但千万不能买错了，不是吗？

夸赞技巧

以对客户的赞美开场，并将对顾客的良好印象和服务差异化表现出来，这样有助于安抚客户，而且显得更有说服力。而整个沟通逻辑的核心就是价格和品质的关系，申明自己的立场：是为了维护客户利益，而不是为了打赢价格战而降低品质。

别反感讨价还价，那是给你机会说话

销售场景

小艾是一家鞋店的营业员。一位顾客走进店里向她询问一双皮鞋的价格，等小艾报完价，顾客非要小艾给他打六折。小艾并没有生气，经过她的一番劝导，居然以原价卖给了顾客。她是怎么做到的？

普通说话

这是纯进口的皮鞋。您给的这个价格太低了，根本不可能！要不您去其他地方看看？

高情商夸赞

感谢您能看中我家的商品，一看您就是有眼光的人。咱们先不聊价格，先上脚看看效果。不合适，再便宜也没有用，您说呢？

您看看，果然是一分钱一分货。一穿上，老板范儿就来了。穿完这双鞋，您再试其他鞋，根本入不了眼。很多顾客也是嫌贵，买了别家的鞋，结果没几天又回来买这双，反倒多花了好几百。所以合适最重要，能打折的话不用您说我肯定主动给您打折，怎么卖不是卖呢！您说是不是？

夸赞技巧

面对顾客乱讲价，最好的方式其实就是让顾客亲自体验，然后夸得他心花怒放。也可以引用其他顾客作案例，以增加说服力。

遇到成本控，赞美最有性价比

销售场景

销售员小李接到客户的电话，电话那头很强势地说："我们今年要将成本降低15%，你们的产品必须降价，不然我们可能会选择其他供应商。"小李听后立马慌了神，在向上级请教之后，他回拨了客户的电话。

普通说话

您一直是我们十分重视的客户，但是这次真的没办法降那么多。我们也有成本，没有利润让我们怎么活呢？

高情商夸赞

您一直是我的偶像，您的决策力一直让我十分钦佩。但是说到成本，您可能忽略了更换供应商所带来的无形成本，包括人员培训、业务磨合等，最重要的是新产品需要时间验证，售后服务也要重新对接。我们失去一笔订单是小事，您的损失是无法估量的。不如我们坐下来聊聊，看看有没有其他解决方案？

夸赞技巧

千万不要急着和客户"算账"，而是先夸赞一波，让对方信任自己，才能认真倾听和理解。即便要"算账"也要帮客户算账，算对方的损失和风险，这样才有可能让对方打消念头。

已经没有让利空间，那也要先把他捧上天

销售场景

营业员小颖遇到了一个难题，一位顾客十分会砍价，将价格压到了最低，已经没有什么利润可言了。小颖本来想放弃了，可是店长这时走了过来，教给了小颖一个办法，不仅成功开张，还盈利了。

普通说话

对不起，您开出的价格连进货价都不够，能不能再加一点儿？

高情商夸赞

您是我见过的最会砍价的顾客！这个价格确实已经让我们亏钱了。但是我们店长很想留住您这位顾客，亏些钱也就当作广告了。这样吧，刚才店长说，您只要充值 100 元就能办理会员卡，然后赠送您一份小礼品，这样就能享受您说的那个价格折扣了。您看可以吗？

夸赞技巧

当顾客给出的价格已经逼近成本，甚至低于成本时，可以利用会员制度来进行利润置换，即牺牲 A 产品的利润，从会员商品中获得利润。

要让用户相信价格已经到底，最好送些小礼品来加强诱惑性，并配合发自内心的赞美。

强调顾客的重要也是常用的技巧之一，这时往往需要借用上级的态度，一方面表示为难，另一方面加强重视感。

讨价不必哭穷，
夸一句把价格抬上去

销售场景

小梁与客户的合同谈判已经进展到最终阶段了，但是客户却对价格问题产生了质疑。小梁马上和上级沟通，想以己方成本问题拒绝客户的压价。这立刻遭到上级的反对，上级出了谈判方案。

普通说话

这样的价格我们无法接受。您看看是否还有商议的空间呢？

高情商夸赞

您的谈判技巧真是让我折服，不愧是贵公司的顶梁柱。您知道我们一直很重视这次合作，所以您的问题我们一定尽力协助解决。我们准备了两个备选方案：一个是降低价格，您加大进货量；另一个是价格不变，我们额外提供两年的售后服务。您看哪种您比较满意？

夸赞技巧

遇到还价的客户，哭穷未必是最优选择，抒发赞美之词是维护客户心目中良好印象的必要技能。

然后，再通过阶梯单价来弥补利润的缺失，买得多则便宜，买得少则贵。既然已经达到对方的理想价位，用户很可能会加大进货量。售后服务有一定的延后性，所以成本相对可控。例如，赠品、介绍新客户等，都是比哭穷要更加有效的处理方案。

与价钱相比，更多客户在乎面子

销售场景

珠宝店销售员小张正满脸笑容地向一位气质优雅的女士介绍一条华丽的钻石项链。女士轻轻拿起项链，眼中满是喜爱，仔细欣赏着钻石的切割工艺和独特设计。可当小张报出价格后，女士的眼神中闪过一丝犹豫，开始询问是否有折扣。

普通说话

女士，这条项链是我们店里的精品，钻石品质高，工艺也很复杂，价格已经是最低了，真的没办法再优惠了，您要是觉得合适就买吧。

高情商夸赞

美女，您这气质和审美太出众了！一下就挑中了这条最独特的钻石项链。它有着独特的造型和顶级的钻石，戴在您身上，完美衬托出您的高贵与优雅，出席任何重要场合都能让您成为焦点，赚足面子。以您的身份和品位，这价格完全配得上它带来的非凡体验，已经相当超值了。

夸赞技巧

顾客购买商品，无非是为了满足物质需要或者精神需要。面子，是绝大多数人很在意的东西。真诚地赞美对方，能提升对方在购物过程中产生的愉悦感，从而让后面的交流更有感染力。

遇到差钱的客户，首先满足情绪价值

销售场景

一位顾客走进一家饰品店，店员小孙主动热情地迎了上去。小孙耐心地帮客户挑选首饰，虽然顾客对产品的样式和做工比较满意，但客户依旧觉得价格有点儿高，提出打折的想法。

普通说话

女士，我们家的首饰都是真材实料，用的也是国外的工艺，这个价格绝对不贵，真的没办法打折。

高情商夸赞

美女，你刚才挑中的都是今年品牌的主打款，审美真是没话说！这几款，不管哪款都好像专门为您设计的一样，不管是材质还是做工，都能完美烘托您的出众形象和气质。市面上的仿制品根本没法相比，毕竟成本是透明的，虽说确实贵了一点儿，但这点儿投入就能让自己更完美，我觉得不亏。您看呢？

夸赞技巧

要根据商品自身的属性和顾客的身份灵活运用赞美。如果商品与穿搭和美妆等相关，就要赞美外貌、气质、皮肤、审美等，或者从年龄角度出发；如果商品是电子产品，则要夸顾客潮流、前沿；顾客购买日用品、家居品时，要夸其有品位、懂生活。

谈合同是工作，谈感情是铺路

销售场景

姜总是小吴多年的老客户了。最近小吴正和姜总谈一项新合作，可是信心十足的小吴却被泼了一盆冷水。姜总想让小吴下调价格，不然很难再合作。你要是小吴，该怎么回答呢?

普通说话

姜总，这价格真的没办法再降了，已经是成本价了。您看我们的方案这么完善，服务也有保障，您就别再纠结价格了，赶紧签合同吧。

高情商夸赞

姜总，您果然是快人快语，这份风范没几个人能比得了! 这些年承蒙您的照顾，合作一直很愉快! 您提出的价格问题很棘手，我们已经拿出了最大的诚意和最好的服务，我相信这是其他供应商无法给到的。不如我给个提议，您可以考虑分期付款或者延长售后服务?

夸赞技巧

通过夸赞将感情放大，是软化对方态度的必要方式。

另外，对待老客户，坚持价格主张固然重要，但巧妙运用策略也不可忽视。比如让期限而不让价格，让服务而不让利润，都是既能填补客户心理落差又能避免扩大损失的好办法。

吃亏是福，感谢和你砍价的人

销售场景

小伟正在洽谈一项业务，为了尽快签订订单，小伟给客户额外让利了10%。正为此开心的小伟怎么也没想到，自己报的价格竟低于成本价的3%。虽然公司并没有追究损失，但小伟觉得这件事应该跟客户透露一下。

普通说话

这次的合同不但让我们公司损失了利润，而且也亏掉了成本。您那边可一定要记得我们的好哇！下次可不能再这样压价了！

> **高情商夸赞**
>
> 首先，我必须感谢贵公司的信任，能促成这次合作是我的荣幸。贵公司一直是行业里的翘楚，因为合作的期望太过强烈，我们的报价已经压到成本以下了。你们也能理解，亏钱只为"回头客"。为了巩固咱们的友谊，我特地准备了一份未来五年的合同，报价只比成本高一点点，相信这个价格也足以让人心动。

夸赞技巧

向对方表达谢意和赞美并不是阿谀奉承，而是为了进行下一步之前给自己积累更充分的理由，所以一定要让对方感受到自己的诚意。

用合理的价格续签长期合同，也许是弥补损失的较好途径。

他在乎的是性价比，那就是附加价值

销售场景

一位男顾客想买一块手表，于是来到小冯的店里挑选。对比了几种款式之后，顾客都觉得不满意，不是觉得太贵就是觉得款式不好。小冯觉得顾客太麻烦，却又不好表现得太冷淡，于是头脑中开始迅速思考到底该怎么办。

普通说话

我觉得您还是拿这款贵一点儿的，会显得更高级。如果您诚心买，我跟经理申请一下，看看能不能打个折？

高情商夸赞

帅哥，不得不说，您的眼光真刁钻。您选中的这几款都是我们家卖得最好的几款。假如让我帮您参谋，我觉得还是买这款偏贵一点儿的。您想，价格高一点儿，撞款的概率也就低一点儿。性价比有时候不一定是好事，您觉得好，别人也觉得值，哪还能突出您的个性呢？这也就是为啥限量款都很贵，您说是不是？

夸赞技巧

顾客顾虑性价比低，那就一定要赞美他的眼光。这是为了着重强调：它的好，被你看到了。这些技巧便于把"一分钱，一分货"的认知悄悄灌输给对方，而不会太过生硬。

06

破除心防

再硬的心也能夸软

客户谨慎没有错，
用夸赞打消疑虑

销售场景

一位男顾客正在向销售员小王了解一款热门车型。客户似乎生怕被套路，从安全配置问到贷款和保险。虽然小王耐心解答了这些问题，但顾客还是坚持要求将他所提到的问题条款加到合同里。小王该怎么回复客户呢？

普通说话

先生，咱们的销售合同都是通用模板，您这样改恐怕不合适。而且，很多条款也没必要加进合同里，有的条款不能承诺给您！

高情商夸赞

先生，您真是责任感特别强的人！就冲这股严谨劲儿，就知道您一定是位领导。不过，如果您非要这么修改合同，审核过不了关。别的经销商也没有这种先例，不如我们列一些比较重要的，看看能不能加进去，行吗？

夸赞技巧

打消这种顾虑的最有效的方式不是拒绝，巧妙使用夸赞来开场明显要更好。夸赞的语气要有亲和力，措辞要真诚，这样才能给顾客踏实的感觉。然后再给出理由，比如合同需要审核、不符合行业规矩等。

提议选择性添加条款有两方面考虑：一方面体现解决问题的积极态度；另一方面是为了找机会为顾客逐一分析和给出合理解释。

与严谨为伍，只会更成功

销售场景

销售员小李正在向一家企业的技术负责人陈总介绍公司新开发的办公软件。陈总眼神专注，一边听小李讲解，一边在笔记本上详细记录，时不时打断询问细节。会议结束前，陈总突然询问小李对合作的看法。

普通说话

陈总，我们这款软件功能很齐全，服务也到位，您放心用就行。合作的话，流程也很简单，价格方面好商量，您看什么时候能确定合作？

高情商夸赞

陈总，跟您交流太让我佩服了！您对待合作的这份严谨态度，真的太难得。您关注的每一个细节，都是在给我们提宝贵意见。和您合作，我们肯定能把项目做到极致，我觉得这次合作让人充满了期待。

夸赞技巧

严谨的客户并不可怕，可怕的是拿不出应对严谨该有的态度。从夸赞中将客户严谨背后的价值深入挖掘，能让客户感觉到被重视和认可。分析合作前景，强调和畅想成功的未来，也能激发客户的合作意愿。面对谨慎客户切忌急于求成，迅速分析客户的关注点，从客户重视的技术、服务细节等角度，准备更全面、更专业的回应，从而顺利推动合作的进行。

客户顾虑越多，你的机会就越多

销售场景

在和客户的谈判过程中，业务员程辉感受到很大压力。客户公司代表王莉提出很多针对合作模式的不同见解。程辉经过仔细思考后，决定给客户一个答复，以消除他们的顾虑。

普通说话

王总，针对您提出的这些意见，我进行了认真的分析。我觉得您完全没必要担心，一定要相信我们！

高情商夸赞

王总，您能在贵公司的业务部门稳坐头把交椅真的是实至名归！您提出的问题字字珠玑，我深感钦佩。针对您提的见解，我们一定会认真研究，给您一个满意的答复。但我个人的能力毕竟有限，如果处理得有什么不妥之处，还希望王总能给我们一定的空间去调整。您一定要相信我们的诚意呀！

夸赞技巧

客户表达的顾虑越多，说明对方有合作意愿，寻求解决之道反而是成交的关键。夸赞是一个种子，这不仅是专业度问题，也能够让对方感觉到相处得很舒服。要从耳朵到眼睛真切地让客户感受到自己的认可和解决问题的积极心态。

用细心打败细心，
夸人要挑"软"处捏

销售场景

小杨正在接待一名前来购买婚戒的女顾客。女顾客很挑剔，在款式、价格、意义等方面的要求都很严苛。看着顾客已经产生失望情绪，小杨决定说点儿什么，让顾客回心转意。

普通说话

您选的这些款式都挺好的。您就随便选吧，哪款都适合您！您选好和我说一声，我给您打个折！

高情商夸赞

美女，您的手真好看，平时是怎么保养的？真让人羡慕！对了，天生丽质的人最适合佩戴黄金饰品，光泽不会受到破坏，还能衬出肌肤的雪白！样式不喜欢不要紧，我们有订制服务，需要赋予它们什么含义，您自己说了算。克重足够的话，可以免掉设计和加工费用，要不要考虑一下？

夸赞技巧

夸，就要夸到客户心坎里。没人能拒绝夸自己好看，针对客户的特点来夸，最终再回归到商品上来。对于个性化很强的需求，假如有订制化服务则是最优选择。假如现有商品解决不了客户的顾虑，那就把问题交还给客户自己，只需要一点儿小优惠就可以做到了。

解释都是苍白的，
"反驳"不如"肯定"

销售场景

晓彤给一位顾客推荐双人床，但是客户显然对晓彤介绍的床不太满意，他提出床板太薄，担心不舒服，没有储物空间，而且实木材质不好养护等问题。晓彤该怎么解答才能让客户满意呢？

普通说话

您放心！您所说的这些问题根本不存在。我们家是大品牌，质量和用料绝对一流，假如用坏了，您来找我！

高情商夸赞

都说"嫌货才是买货人"，正因为您是真心购买，所以才会有这些顾虑。我得给您点个赞，一直都在考虑另一半的感受。这个床板是新型材料，既保证实木材质，又耐用环保，只要轻轻一擦就很干净。没有设计储物格是为了保证轻便性，床底易堆积灰尘，不利健康。至于舒适性，这款床采用人体工学设计，我敢肯定，只要躺上去就能拥有好睡眠，您可以体验一下。

夸赞技巧

用夸赞来肯定顾客，无形中会增加自己陈述的可信性，而且会营造必要的亲切感。针对客户提出的疑虑，逐一反驳太过生硬，在解释中保持肯定的基调会让人更易接受。

客户犹豫时，
先夸赞，再施压

销售场景

小王在和客户赵总的接触中感受到对方可能对项目的细节有所顾虑，所以一直在犹豫。小王决定先发制人，和赵总深入沟通一次，尽快促成这笔订单。

普通说话

赵总，您还有什么犹豫的呢？您尽管说，我们一起想办法解决，咱们尽快把合同签了就万事大吉了！

高情商夸赞

赵总，要不怎么说您能成为行业大佬呢！不管到什么时候都能如此沉得住气。我是有点儿坐不住了，为了项目顺利开展，已经提前让大家做准备了。货场的工人和服务人员已经进入 24 小时待命状态，工厂也做好随时生产的准备了。就等您一签字，立马就开启加班加点模式。

夸赞技巧

当客户还在犹豫不决顾虑重重的时候，巧妙地施加压力可以打断对方的节奏，从而把出现变故的可能性压到最低。

中国人讲究"先礼后兵"，夸赞自然要放到最重要的开场，这样后面的话才更有分量。

让客户安心，不如试试"反向推销"

销售场景

房产经纪人小万在业内打拼多年，这次他又接到一笔大订单。客户看中一套别墅，看了几次依旧犹豫不决。细问之下，顾客对别墅的售后和养护有很多顾虑，然而小万自有一套有效的解决办法。

普通说话

您看中的这套房子，有很多人也在考虑中。我建议您赶快签合同，以免错过最好的机会。

高情商夸赞

哥，跟您一接触就知道您实在，我也掏心掏肺说。您的顾虑很正常，这套房格局、装修、绿化都好，价格也不错，还是学区房，保值没问题。不过面积大难打理，物业费也高。要是您还犹豫，不用急着定，先交点儿定金，后续看了其他房子，想变更也成，您看这样行不？

夸赞技巧

这是站在客户角度说话的高阶用法。以家人相称，是拉近距离的前提，否则后续的沟通效果会大打折扣。

最后的建议是关键。有客户才有订单，即便这个房子不能成交，还可以推荐其他房子，这充分体现了销售技巧的灵活性。

看破不说破，学会无痕成交法

销售场景

小可是一家医美机构的销售代表，业绩一直名列前茅。她经常遇到顾虑重重的顾客，但在与她沟通后，几乎都能顺利进展下去。那么，小可到底是怎么说服顾客的呢?

普通说话

您放心，我们是正规机构，材料绝对安全，技术肯定到位。俗话说:跑得了和尚跑不了庙，您还有什么可担心的? 怕挨刀还怎么变漂亮?

> **高情商夸赞**
>
> 您先放轻松，来到这里都是为了变得更好的，别让焦虑破坏了这份好心情。说实话，您的勇气我是十分佩服的! 请您放一百个心，我在这个行业工作了快十年，我选择机构都是慎之又慎，毕竟出了问题您第一个找的就是我。我带您看看过去的案例吧，保证您看完就只剩期待了!

夸赞技巧

夸赞十分必要，这样能快速接近对方的内心。不方便直接夸可以借用夸别人来夸，也是不错的选择。

在对方的担忧之上，表达自己在专业立场上已经替对方把过关，这在一定程度上能消除对方的焦虑情绪。再配合成功案例的展示，基本上都能消除客户的疑虑。

警惕的实质是责任感，满足他就是了

销售场景

小谷的客户老陈是位厂长，工作兢兢业业，也十分谨慎。每次采购，老陈总是会事无巨细地对照货物和样品，提出各种意见或建议。但小谷从来没有不耐烦，相反，每次都能处理得十分圆满。

普通说话

老陈，咱们都合作多长时间了，怎么还这么谨慎？放心好了，出了问题都算我的！

高情商夸赞

老陈，您是我客户里最负责任的一个，别人我都不佩服，我就服您这股认真劲儿！看您那么辛苦，我真心疼。我带了两个小伙子来帮忙，您随便使唤，需要我帮忙的地方打电话给我！您上次提的修改意见我已经帮您提上去了，样品很快就出来，到时候我亲自给您送来。

夸赞技巧

假如客户很有责任感，你就更应该有责任感，这样才能赢得信任。在责任感这件事上，没有比"双向满足"更有效的办法了。

维护这类客户，光嘴上夸奖恐怕不会达到最佳效果，要从口头到行动都体现出认真负责。做到这些，90% 以上的客户关系都能相处融洽。

客户超前焦虑，你要赞美先行

销售场景

一对情侣找到小张，想购买双人出国游的服务。小张给他们介绍了几个自认为还不错的套餐，可这对情侣一会儿担心强制购物，一会儿又担心酒店安全问题，甚至还拿出很多负面新闻来问小张是不是真的。

普通说话

你们这些担心都太多余了。要真是那样，每天那么多出国的人还得了？放心吧！

高情商夸赞

一见到你们，就想起我年轻的时候。你们这个年纪，既有见识世界的勇气，又有时间和资本，太让人羡慕了！选旅行社你们可太明智了，跟团走才安全。虽说外面的新闻真假难辨，但我们正规旅行社绝对靠谱，我都在这儿工作五年了，靠的就是诚信，二位说是不是这个理儿？

夸赞技巧

对待爱提前焦虑的顾客，夸奖是一种鼓励和安抚。不管多精彩的解答，不先缓和对方的焦虑情绪，都等于杯水车薪。

对于新闻的解答，虽然采用了模糊化的处理，但工作经历加公司的简单描述，就足以让那些负面新闻的影响烟消云散了。

07 花样催单

差一个赞美就成交

直截了当法：
着急成单？不如直接夸

销售场景

一位男顾客正在小张的柜台上挑选商品。过了一会儿，小张见顾客对其中一款很感兴趣，小张趁热打铁，开始了与顾客的交谈。

普通说话

哥，这款挺不错的，如果喜欢就下单吧，买了绝对不会后悔。

高情商夸赞

哥，不瞒您说，我也喜欢您手上拿的这款，我也买了一个自己用呢。一般人我不推荐给他，因为会觉得有点儿贵，但品质绝对超出价格。您一看就不一样，识货！怎么样？行的话我帮您包起来？

夸赞技巧

好销售善于捕捉客户发出的购买信号，假如此时乘胜追击，可以有效提高成单率。

直接夸赞顾客懂行，并用自己举例会显得更可信。很多销售会用"自留款""自用款"等词汇来让客户产生下单冲动。

直接催单的时候，万万不能太过急迫，反而应该静静等候顾客考虑，不然很可能让对方反感或产生疑虑。

从众心理法：
"你真会挑"还可以这么说

销售场景

小琴经营着一家母婴用品店。这次，一位女顾客进店来选购童装。顾客很挑剔，问得也很仔细，最后拿起一款进口套装看得格外细致。小琴见机会来了，就主动和客户攀谈起来。

普通说话

姐，这是我们家最好的套装了，纯进口的材质，宝宝穿了绝对漂亮又安心。喜欢您就赶紧买吧！

高情商夸赞

姐，您真厉害，一下就把卖得最好的那款挑出来了。这款昨天一天就卖出去十多套！现在买东西就得随大溜，好东西自然都来抢。您是明白人，我一说您就懂了，这款是进口布料，纯天然染料染色。宝宝皮肤很娇贵，可得给他穿好的。

夸赞技巧

把"真会挑"引向"卖得好"是一个深度技巧。表面夸的是顾客，实际夸的是商品，把销量具象化，更能引发顾客的兴趣。

最好站在顾客的角度分析商品能给对方带来什么好处，这样顾客更容易下定决心购买。

未来对比法：
现在不能决定，那就想想未来

销售场景

小江是保险公司的客户专员。他在向客户推销保险产品时，往往得到的回应都是"我再考虑考虑"，最终却都不了了之。正巧今天也遇到一位这样的客户，他决定试试新学来的办法。

普通说话

这份保险是对未来的保障，花小钱，防大事！这个套餐非常划算，而且没有隐性条款。信我的，您放心买就是了！

高情商夸赞

您既然选择来询问保险的事项，就说明您是明智的人！我也不建议您急着下单，考虑清楚是最重要的。毕竟，咱们买保险不是为了赚大钱，而是为了防风险。有多少买时犹犹豫豫，出事后悔莫及的！即使买了保险，不能顺利理赔，也是苦不堪言。

夸赞技巧

用"明智"来夸赞，是为了向对方表达认可，也是无形中在向对方要求被认可。

想引起对方的购买欲望，就要让其产生情感共鸣，把未来可能的损失放大，把风险扩大，是让对方产生兴趣的好办法。

独家待遇法：把顾客宠成"上帝"

销售场景

同在一个商场卖鞋的同行们都说小高很会卖货。只要顾客进了她的店铺，几乎就没有不拿着鞋子出来的。有人好奇偷偷去取经，结果才发现了这里面的秘密。

普通说话

这双鞋真适合您！今天大优惠，全场九折！您就赶紧买吧！

高情商夸赞

不知怎么回事，和您聊天儿就是感觉愉快！我觉得您像我的老街坊，给我一见如故的感觉。看您穿这双鞋挺好看的，我也不赚您钱了。这样吧，我给您打九折，成本价给您，就当交您这个朋友！

夸赞技巧

用"老街坊""老朋友"来夸客户可不光是为了套近乎，而是为了给后面的折扣诱惑埋下伏笔。

这和虚情假意并不是一回事，有时候卖货不是拼演技，而是要把自己当作导演，引导客户一步步完成订单。

所以，建立情感上的桥梁才更便于我们去推销产品，推销顾客真正需要且货真价实的东西，这才是一个好销售该做的工作。

欲擒故纵法：
夸她"果断"，顶上一万句"好看"

销售场景

某公司兰总是小英的老客户。这次，在一份新合约上，兰总异常谨慎，一直犹豫不决。马上就要到业绩盘点的期限了，只要拿下这笔订单，小英就能成为这个季度的销冠。她到底该怎么办呢？

普通说话

兰总，我们就要盘点业绩了，就差您这一单我就是这个季度的销冠。您是我心中最美的女神，就当帮我个忙，签了这笔订单吧。

高情商夸赞

兰总，在我眼里，您一直都是一个雷厉风行的女强人。在谁面前我都毫不犹豫地这么说，但这回您着实让我有点儿"打脸"哪。没关系，我当不当这个小官无所谓，为了咱们来日方长，我牺牲一点点也无所谓。就算这份合约诚意再大，您看不到我也没什么办法。行，您先慢慢考虑，有什么需要再随时联系我。

夸赞技巧

赞美对方"果断"是在明褒暗贬，制造反差。通过这样的方式，从心理上给对方制造亏欠感，然后再摆出"撤退"的姿态，以退为进，大概率能反被动为主动。

股市成交法：
最能打动人心的是好故事

销售场景

小青刚接触上一个大客户，正在洽谈一个合作项目。因为初次合作，对方对小青的能力并不完全信任，还在犹豫。正巧小青在参加行业论坛时与对方的项目经理不期而遇，他决定利用这次机会推进项目进展。

普通说话

我知道贵公司对我的能力还有所质疑，但我会用实际收益让您看到我的能力。我希望以这次合作为契机，成为我证明自己的机会！

高情商夸赞

久闻贵公司藏龙卧虎，今日与您沟通，果真名不虚传。初次合作，彼此不熟悉很正常，正好借此增进了解。我之前和 xx 公司合作也是如此，他们寻求新业务伙伴时，我主动洽谈。一开始他们也有顾虑，可我仅用几个月就帮他们开拓了新赛道，后续双方合约不断，我和他们的老总成了朋友。我非常期待与您的合作，也希望能开启我们的友谊！

夸赞技巧

一般会卖货的人，都有一套讲好故事的本领。想让对方相信自己的故事，首先就要向对方表达充分的认可和尊重，所以称赞自然不可或缺。讲故事要接地气，要根据业务有针对性地讲，这个过程除了体现能力，也要体现诚信。

错过成交法：
别卖货，要卖稀缺资源

销售场景

一位女顾客看上一件连衣裙，但因为价格关系一直在犹豫。店主很想促成这笔买卖，说了很多但都没起作用。这时店员的一句话，却让女顾客毫不犹豫地买了单。

普通说话

这件连衣裙是立体裁剪，穿在谁身上都好看，这条街上您找不到这种材质和做工的裙子。信我的就买回去吧，贵有贵的道理！

高情商夸赞

美女，这件衣服怎么看怎么像为您量身定做的！既显身材又显时尚，我觉得其他衣服都没这件看着顺眼。别看这款连衣裙价格高，却是最抢手的。您的尺码又是大众尺码，只剩最后两件了。现在不买，回头可能就绝版了！

夸赞技巧

错过成交法的精髓是以赞美开头，这会增加顾客选择这件商品的信心。好听的话，也更容易走进顾客的心里。

强调商品的稀缺性，也是促成订单的关键。充分利用顾客的"占有"心理来巧妙施加压力，时间、数量、价格和服务都是能体现稀缺性的元素。但一定要注意陈述的真实性，否则就是在损失客户。

激将成交法：
不怕货比货，就怕人比人

销售场景

一男一女来到金店选择婚戒。两人挑了半天，却一直犹豫该买哪一款。这时导购员开了口，没想到刚说完，男生就毫不犹豫地付了款。

普通说话

这几款对戒都不错，我觉得你们可以随便挑。但我更推荐这款大克拉的，戴出去很有面子。

高情商夸赞

看你们这么恩爱，我都觉得甜蜜！婚戒是要戴一辈子的，当然要谨慎选择。前几天有一对情侣让我印象深刻。女生看上一款很贵的戒指，男生虽然很想买，却苦于没有钱，最后两人大吵一架。也不知道他们有没有和好，反正再也没看他们来过。我觉得你们肯定不会那样，什么事都商量着来，多幸福哇！

夸赞技巧

直截了当的激将法无疑是在赶走客户，明赞暗激才是最好的选择。赞美的话会引导客户进入自己设置的氛围里，从而为后续的"激"做铺垫。

使用激将法的时候，一定要注意措辞和口吻，切忌浮夸。最终把话题拉回到客户身上，配合强烈的肯定话术，这笔订单八成已经跑不掉了。

选择暗示法：
对方犹犹豫豫，试试"二选一"

销售场景

一位男顾客正在选购一款空调，导购员问他是否决定了，顾客回答"再看看"。旁边的店长看见后，便与男顾客攀谈起来。

普通说话

先生，您看的这款是节能空调。它是今年的新款，有很多"黑科技"，而且能耗很低，很符合您的需求。

高情商夸赞

先生，没能给您提供有用的帮助，是我们工作的疏忽，实在抱歉！我看您应该是位白领吧？有股年少有为的气质！您要是相信我，可以在您面前的这两款中挑选。这款智能前卫，支持物联网的连接，让您下班一回到家就能享受凉意；这款外观大气，环保节能，整晚开也不心疼。您看是现在订还是明天再来？

夸赞技巧

加上赞美的话，后面说什么都会感觉更悦耳。与机械性地按照顾客的要求讲解相比，根据对方的身份来推荐商品会显得更有人情味儿。

避免询问"您要不要"这样的问题，剔除"不要"的选项，引导顾客的选择，这样更有助于增强下单的心理暗示，减少跑单率。

提问排除法：
边夸边问，订单水到渠成

销售场景

顾客来到旅行社咨询关于旅行套餐的问题。销售小萌殷勤地推荐了好几款性价比都不错的套餐，但顾客始终表示"再看看"。这让小萌有些泄气，到底该怎么才能让对方下单呢？

普通说话

真的没有比这几款性价比更高的套餐了。假如您不相信我，可以到其他旅行社再去看看。

高情商夸赞

说心里话，花钱确实应该谨慎些，这很值得我学习！您肯花时间考虑，证明您确实想要买到最合适自己的，不是吗？但是请允许我好奇地问一句，您是在顾虑什么呢？是我们的信誉不能让您放心吗？难道说您是在疑虑我是否专业？还是说这几款产品不是最有性价比的？

夸赞技巧

在提问前，首先要肯定对方的慎重，不然后面很可能会闹误会。因为环环相扣的提问会给对方很强的压迫感，赞美可以"柔化"语境，不会显得步步紧逼。

提问时，口吻要柔和平静，配合好奇的表情动作；顾客回答时，要保持认真倾听。这会让对方觉得这是在解答问题，而不是在质问。

拜师学艺法：
顾客货比三家，就看谁更会夸

销售场景

一位顾客想挑选一台按摩仪，走了好几家商店，最终走进了小张的店里。刚介绍一款商品，小张就知道这个顾客很犹豫，还在考虑其他店铺的竞品。于是小张决定见招拆招，打消他的疑虑。

普通说话

我们家的产品和前几家店的产品都是一样的，而且价格更便宜。您不买恐怕是您的损失，千万别被他们忽悠了。

高情商夸赞

自打您进来，我就感觉财神到了！前面那么多店铺，都没说动您，这不是咱们注定的缘分吗？我最佩服那几家店的销售，口才太棒了，同样的东西也能夸出花来。我就不行，东西好也说不清楚，能不能拜托您教教我该怎么跟您介绍，我也想进步进步。

夸赞技巧

和顾客拜师，无疑是拉近距离的好办法。不仅要学会夸顾客，也要学会夸同行，这是一种幽默，也是一种度量。降低姿态来换取客户的倾听，让对方感受到自己的诚意。

把话语权还给顾客，摆出倾听和学习的姿态，配合对方进行产品演示，找出对方的购买痛点，这才是一名聪明的销售的做法。

08 回款妙招儿

销冠都是这么催收的

"怎么老来催款？"
——高手句句都是想念

销售场景

小张的客户已经拖欠货款很久了，小张只好屡次登门催款。这天，小张刚见到客户方的负责人，结果对方就满脸不悦地说："你怎么老来催款？又不是不给你们！"

普通说话

这款项确实到期了，公司也在催我，您看能不能尽快安排一下？我们合作这么久，这点儿小忙您肯定得帮啊，不然我这工作也不好做。

> **高情商夸赞**
>
> 主要是因为太惦记您啦！别误会，像您这样一言九鼎的人，怎么可能不信任您呢？这次来，是给您送好消息来了。我这儿有份合约，利润很可观，只是您那边款项没结清，所以才来找您商量啊。

夸赞技巧

因为欠款轻易与客户撕破脸，那一定不是最明智的选择。夸赞能很好地缓和彼此的关系，并不一定是奉承。

即便对方暂时失信，也可以采用迂回战术试试效果。一份诱人的合约可能是对方无法拒绝的，以此为条件要求结款，也许效果要比死缠烂打好很多。在新合约中，要弥补之前的疏漏，避免再次出现拖欠的情况。

"为啥不催别人？"
——别傻乎乎说别人不欠钱

销售场景

小李正在和客户赵总商量结款的事项。但是赵总却轻描淡写地回问了一句："你为什么不去催别人的款？是觉得我很好说话吗？"气氛瞬间变得尴尬，小李迅速地思考着该如何回应。

普通说话

赵总，别人真的不欠钱，就您这边款项逾期了，公司规定到期就得催，您理解一下，赶紧把款项结清吧，咱们别互相为难。

高情商夸赞

赵总，您可千万不要误会。您在我们心里一直是最重要的合作伙伴，正是因为重视，所以才来和您沟通。假如您有什么需要我们帮忙的，我们也能及时协商解决。本意是想避免外界对您的误解，也是在展示我们继续合作的诚意。

夸赞技巧

通过赞美强调客户的重要性，可以避免误解进一步升级，尽可能让客户理解催款并非故意针对，而是重视的体现。

当客户质疑催款原因时，应当及时了解客户欠款的具体原因，这有助于改进催收策略。

"过段时间就付尾款！"
——你该怎么回答

销售场景

小郑的客户一直拖欠项目尾款，在上级的压力下，他不得不前去客户那里催款。但还没等小郑开口，对方就说："最近太忙了，过段时间就把尾款转过去！"这让小郑十分为难。

普通说话

您说的原因，我个人表示很理解。但现在上级催得太紧了，我也没有办法，要不您先还一部分，我也好回去交差？

> **高情商夸赞**
>
> 那得恭喜了。您越忙，就越说明您的生意火呀！我还怕您贵人多忘事，本来想提醒您一下呢，没想到您倒先开口了，是我狭隘了。不过我还是很担心，合约已经进入服务期了，按照合同条款，尾款未能及时到账，服务条款就得作废。离规定期限就剩两天了，您说我能不着急吗？

夸赞技巧

催款是门技术活，弄不好就会十催九输。夸赞不一定能帮你顺利要回欠款，但在很大程度上不会变成"人财两空"。

以站在对方利益考量的基础上，更能打动人心。但不必表现得过于殷勤，反而会给对方"好拿捏"的感觉。

"补货我就付钱！"
——别讲理，夸他精明

销售场景

销售员小齐去客户那里催收尾款。结果客户却提出了一个无理要求，对方的经理对小齐说："你们的货还没发完呢，先把货补齐了，我肯定给钱。"面对对方的反悔行为，小齐该如何沟通呢？

普通说话

您这样不合规矩。合约上写得明明白白：尾款到账，才发其余的货。您这样的要求恐怕我做不到！

高情商夸赞

以您在我们心目中的地位，发货还不是分分钟的事嘛！我就是特地来和您商量这件事的。没有您的尾款回执单，仓库那边也调不出货呀……您今天付不了尾款，明天货物就会原路退回，我这次想帮忙也帮不上啊！

夸赞技巧

在开口催账前，把对方的地位抬高，会让谈话气氛更加融洽。

尽可能先试探性地用商量的口吻和对方沟通，而不是质问和威胁，以免引起对方警觉，甚至直接谢客。

摆出实际问题，证明时间紧迫。这样做，一是体现自己的为难之处，二是试探对方的诚意，一举两得。

"我还在亏损！"
——赞美和诱惑双管齐下

销售场景

业务员小蒋去客户那里收款，结果每次得到的答复都是"我们账上都是负数，拿什么给你结款？"这让小蒋非常头疼。这次，他准备按照前辈教他的方法试一试。

普通说话

您的处境我们一直很理解，但谁来理解我们呢？我们也需要运营，总不能因为理解您，我们公司就不活下去了呀！

高情商夸赞

您可别开玩笑，一定是又做大生意了吧。相信以您的眼光和格局，很快就能加倍赚回来的！无奈公司的法务工作我无权干预，唯一能帮的就只有这份补充协议。您可以延期付款，尾款短期内到位，滞纳金和利息都可以免除。假如时间较长，滞纳金和利息给您减半。您看咋样？

夸赞技巧

催账的过程就是策略和耐心的博弈，强硬是一种方法，夸赞也是一种途径。

有时，不是我们不敢得罪，而是要保留一定的空间，去施展更多的策略。所以，在最开始的催账过程中，我们更需要"一秒入魂"的夸赞。

"现在没钱周转！"
——先赞美，再施压

销售场景

小周最近又面临一个难题。客户拖欠货款迟迟未结。小周上门去催款，得到的答复却是"我们的资金都投入新的生产线了，目前没有资金周转"。小周该用什么策略让对方尽快付款呢？

普通说话

贵公司的资金流向和我们无关。一码归一码，按照合同规定，早就应该付款了。如果再不汇款，恐怕我们只能走法律程序了！

高情商夸赞

要不说，您（对方领导）的战略眼光果然锐利，事事都能抢占先机，魄力值得钦佩！这也正是我们如此看重与您的关系的原因之一。我们的法务已经多次发出了风险警告，我和领导一压再压，我相信您也不是言而无信的人。但我们总得拿出点儿解决办法，共同度过这次危机吧？

夸赞技巧

以赞美开场，是寻求和平的谈话氛围，尽可能向对方表明压力。从中可以表达无奈和在过程中所做的工作，以寻求理解。

话中暗藏玄机，不经意透露内部分歧，并寻求解决方案，从而向对方施压。

"让你们老板来要！"
——用老板的口吻夸回去

销售场景

小李跑去和客户公司的负责人董总催款。董总一副无所谓的样子，他对小李说："我跟你们老板关系不一般，想要钱，你让他来亲自跟我说吧。"小李感到左右为难，是你的话会怎么说呢？

普通说话

这点儿小事就要惊动老板，恐怕我的工作就难保了。您就当帮帮我，哪怕付一部分也好哇！

高情商夸赞

是呀，老总经常提起董总您，说您和他是多年的老交情了，还说您最够朋友。我们老板可是一直都很看重你们之间的关系，所以这才让我来和您商量怎么办。您要知道，一般人他可都是按合同办事，所有欠款的客户都被他拉进了黑名单。这不，我来之前他还嘱咐，您肯定能理解他的难处，一定要和您好好沟通。

夸赞技巧

对方用和老板的关系压制，那就用老板的口吻夸回去。这样做有几点好处：首先，可以帮老板树立积极维护感情的形象；其次，提醒对方珍惜朋友，言而有信；最后，以老板的宽容给客户施加压力，最终达到反将一军的目的。

"我觉得买贵了！"
——商品有价，信用无价

销售场景

小宋刚和客户签订了一笔大订单。到了该结款的日子，小宋决定登门拜访。可对方的负责人刘总却表示说："我们经过调研，你们的报价高于市场价，剩余的钱就当补偿了！"这个态度让小宋着实有些发懵。

普通说话

刘总，既然合同已经签了，您就要言而有信。价格始终都在变化，您怎么能用现在的价格当作反悔的证据呢？

高情商夸赞

刘总，这话从您嘴里说出来，自然带着几分霸气，让我一下子就忐忑起来。咱们的合作，别人哪能比得了，价钱的事当然好说。不过这次合作已经进展到这种地步，总不能推倒重来吧？再说，假如传出去，行业内还不得错怪您言而无信，以大欺小哇？假如我们承诺下次给您满意的单价，这次的尾款，您能不能马上结清呢？

夸赞技巧

用夸赞体现对方在所有合作关系中的特殊性，有利于后续话术的顺利推进。

运用引导式分析事件后果，可能比任何行动都有效，就算对方不买账，还可以改变话术继续跟进。

"你不信任我？"
——谈信任，不如成为亲人

销售场景

小王的客户很难缠，每次他去催款都无果而归。小王一提出结款要求，对方的负责人就说："咱们都合作这么久了，难道你还不相信我？"弄得小王不知道该怎么接话。

普通说话

既然您也知道咱们合作这么久了，那就更不应该拖欠货款了。您这样，我们还怎么合作下去？

高情商夸赞

您这话说得可就见外了！什么叫不信任？我们这都拿您当亲人！您说亲人之间什么最伤感情？那肯定是亲人有难处，却选择袖手旁观哪。这几天，收不回您的货款，今年员工们的福利就得泡汤。老总没法和大家交代，您说一家人还怎么相处？

夸赞技巧

运用类比，顺着对方把关系拉到"亲人"的高度，同时也是在抬高道德评判的角度。

直接说服不了，也可以使用"情景再现"，让对方设身处地地感受己方的难处。最后利用反问句式，将问题抛给客户，然后静静等待答复，不要步步紧逼。

"等客户给我钱，我就给你钱！"
——如何化解三角债

销售场景

业绩分析会上，销售员小可向销售总监提出了一个问题。客户假如欠款不给，还说他的客户付给他钱，他就把钱汇过来。这该怎么办呢？销售总监凭借多年经验，给了小可一套解决方案。

普通说话

您和您客户之间的债务与我们之间的合作没有关系。您这样是在转嫁债务义务，这是强盗逻辑！

高情商夸赞

您可真会拿我打趣！以您在业内的卓越能力和崇高地位，谁有这么大的胆子敢拖欠您的货款哪。有道是"朋友的朋友亦为友"，既然他们欠您的款项能转让，那不妨把和您的相关订单也一并转给我们吧。您在商场纵横捭阖，吃肉那是实力使然，我们要是能跟着喝点儿汤，就已经心满意足啦。

夸赞技巧

处理三角债务是最复杂的过程之一，虽然凭借三言两语并不能根本性解决问题，但至少要避免发生进一步冲突。

利用对方的逻辑，提出订单和债务的置换，能有效破解对方的招式，恐怕再用这个理由来搪塞就是自讨没趣了。

"别的销售从来不催！"
——换个套路，卖卖惨

销售场景

一家食品公司拖欠小王公司的货款已经半年了。为此，公司更换了好几批销售，都没能打开局面。销冠小王主动请缨，还没聊几句对方就说："你得学学人家小赵，从来都不来催款！"小王暗自一笑，幸好他早有了准备！

普通说话

是的，因为小赵从来不催款，业绩严重不达标，已经离职了。您这次不给钱，我也得走人了！

高情商夸赞

贵司一直是我们最重视的伙伴之一，无论哪个销售负责您这块业务都是一种荣耀。可是这次贵司的款项一直未到，小赵也承受巨大压力被迫离职了。公司最近下定决心催账，连我这个销冠也派出来了。我签了"生死状"，完不成任务，不仅合作企业会彻底拉黑，负责的专员也要卷铺盖走人。唉！恐怕以后我得常来坐坐了，不然我就是下一个小赵哇！

夸赞技巧

迫不得已的情况下，试一试"夸赞＋卖惨"，通过共情，让客户产生心理压力。

另外，"我得……不然……"是对客户施压，为后续采取的策略铺路。

09

危机公关

挑剔也可以是一种成全

较真的人，更容易拉近感情

销售场景

一位顾客在购买了商品后气冲冲地来到小红的店里，质问购买时承诺赠送的配件是正品原装，为什么收到的是赠品装。通过小红的解答，顾客转怒为喜，还不断夸小红情商高。

普通说话

赠品装的商品和正常流通品的品质是一样的，这点您没必要去较真。这是为了防止赠品流通，打乱市场价格，希望您能理解。

高情商夸赞

您先别激动，有问题咱们可以协商解决，您一定要相信我们的服务。不得不说，您在这方面很专业，这样我们沟通就方便多了。您收到的赠品保证是百分百的正品，这样包装也是为了保护您的权益。您想，假如和流通品一样，有人低价售卖，您心里是不是更不舒服呢？

夸赞技巧

销售卖的是产品，同样也是服务。面对较真的客户，横眉冷对解决不了问题。先用赞美稳定客户的情绪，拉近双方的距离。

耐心且详细地解释缘由，积极协助和引导处理售后问题，会让客户感受到商品的附加价值，对于积累口碑也是相当重要的。

不会哄客户的销售，不是好销售

销售场景

餐饮店里，一名顾客正冲着服务员大喊，服务员委屈地辩解着。经理马莉上前了解情况，原来因为顾客说话有很重的口音，导致服务员点错了餐品。眼看双方僵持不下，马莉要怎么说才能平息这场风波呢？

普通说话

这件事各有责任，咱也不能得理不饶人。您看，我给您免单总该行了吧？

高情商夸赞

先生，您先消消气。一看您就是一个大度的人，咱们开开心心吃饭不是最重要的吗？这里面的误会我了解了。其实，上错的菜价格更高，您可以按原菜的价格付款，超出的部分我个人承担。这也算对我管理疏忽的惩罚，您看呢？

夸赞技巧

赞美客户大度，是快速平复对方情绪最好的方法之一。一句简单的话就能轻松将顾客的注意力转移到自己身上。

多数情况下，客户损失都可以通过价格弥补，免单、返差价等方式都很有效。但你一定要有足够的诚意，让客户主动体谅，才是一次成功的"救场"。

客户刁难时，就是你发挥的时机

销售场景

一位顾客走进一家服装店，尽管店员热情招待，但她还是不停地刁难店员。一会儿说裙子太长不方便走路，一会儿说领子太低容易走光。店员给她推荐别的款式，她又嫌太土气。这时老板走了过来。

普通说话

这位女士，麻烦您积点儿口德。假如衣服不合你的心意，你可以换一家店，没必要这样冷嘲热讽的！

高情商夸赞

女士，您刚才提的意见我都听到了。没能让您选购到称心的衣服，我非常遗憾。我看您的审美标准非常高，能不能占用您一点儿个人时间，帮我分析一下到底该选择什么样的款式，才能让您这样的高端女士眼前一亮呢？我真心希望能在您的帮助下，提高我们店的整体品位，您看可以吗？

夸赞技巧

这是一个"拜师学艺"的经典案例。夸奖能充分满足对方的虚荣心，是打破尴尬的关键。所谓"和气生财"，在不知道客户会给自己带来什么的情况下，最好还是不要轻易就翻脸。

讨教关于产品和服务的话题，让对方提意见是一个策略。在对方发表看法的时候，保持倾听和认可，多数情况下能持续增加客户的好感。

合理利用投诉，也许还能再签一单

销售场景

一位顾客网购了一台充电宝。结果店家发错了货品的规格，顾客随后发起了维权投诉。店家接到投诉后，随即和顾客取得了联系。沟通解决后，顾客不仅撤销了投诉，还另下了一单。

普通说话

实在不好意思，很抱歉给您带来了不好的购物体验。我们将差价补给您，您看可以吗？

高情商夸赞

尊敬的顾客，对于疏忽，我们报以百分之二百的歉意。您就如明灯一般，指引我们不断提高服务水平。作为补偿，我们决定赠送您一次三折购买任一新品的资格，同时我们还送您一张 5 元代金券。您可以购买所需规格的产品，比返差价更加划算。您看如何？

夸赞技巧

面对客户的合理投诉，赞美和感谢是挽回信任的第一步。尽可能表达真挚的歉意和真诚的感谢，这是利用投诉成单的关键。

有些情况下，退货和补差价在一定程度上并不能弥补客户的损失。假如成本允许，利用超低价换购或赠送代金券等方式与客户协商，有时也能让双方都得到满足。

感激反馈，大咖们喜欢以柔克刚

销售场景

一家酒店接到顾客的投诉，经理和服务领班马上赶到了顾客房间了解情况。顾客认为酒店属于星级酒店，在卫生和管理上没有达到预期，并声称要全程录像取证，并监督酒店如何处理。

普通说话

很抱歉，我们的服务没能让您满意。您提到的这些地方，的确存在管理疏忽，我们会加以改正，请您持续监督！

高情商夸赞

感谢您对我们服务的监督和反馈。您的意见太宝贵了，让我们及时看到了服务和管理上的漏洞。经过我们商议，将为您更换新的房间，并且您本次入住酒店的全部费用都享受八折优惠。这样的处理结果您是否满意呢？

夸赞技巧

假如客户反馈的情况属实，及时表达肯定十分重要，而且要充分展现出解决问题的积极态度。夸赞时，要让对方知道这些意见的重要意义，这能让客户知道自己的声音正在被认真倾听。

给出一个合理的补偿方案，有助于快速平息事件，防止影响扩大。有时还会收到意外惊喜，比如客户的好评，或者强烈推荐等。

老虎型客户超难缠?
那是你没说到点上

销售场景

旅行社的小美接待了一位非常难缠的顾客。她脾气很大,而且不好沟通,根本听不进去别人的建议。经过几次接触,小美逐渐掌握了这位顾客的特点,她们还成了好朋友。

普通说话

您应该信任我们是专业的。我给您推荐的都是最适合您情况的产品,您不相信,我也没有办法!

高情商夸赞

我就佩服您这股雷厉风行的劲儿,说一不二。为了节省您的时间,我为您准备了自助式的旅行套餐,您可以自由搭配。付款方式也有多种选择,总有一种符合您的需要。您还有什么要求吗?没有的话您可以先看看,有什么问题可以随时向我咨询。

夸赞技巧

更简单直接、喜欢自己做决定的客户,一定也要采取简单明了的沟通方式。尽量额外多准备一些提案,由客户自己选择,避免频繁催促。

接待这类客户时,夸赞是不可缺少的元素,这有助于提高客户的热情度,保证顺利成单。

解决九成问题的通用模板：
问、答、夸、赞

销售场景

一位顾客来到笔记本电脑售后处，他对产品的使用感受不太满意。汪经理及时了解了情况，并圆满地解决了问题。当其他销售请教其中的门道时，他只给出了四个字的总结——问、答、夸、赞。

普通说话

您买的这款产品是今年的旗舰机型，您可以继续使用一下。如果实在不满意，您可以直接退货。

高情商夸赞

你对这款产品都有哪些方面不太满意？这是一款轻便型笔记本，电池采用的最新技术，能在控制重量、散热和体积的同时保证 8 小时的续航。你对电子产品的了解堪称专业级的，我感觉和你沟通完全没有障碍！它还有丰富的娱乐属性，正适合像你这样年轻有活力的大男孩儿。这款产品你真的没有选错，眼光特别独到。

夸赞技巧

问的目的是挖掘用户需求和疑虑；答的目的是与客户快速建立信任，及时消除其疑虑；夸能提升客户的情绪价值，迅速让关系升温；赞是为了突出产品优势，让客户了解其价值。

客户越客气，你们的心越有距离

销售场景

小南负责处理一位客户的投诉，这位客户很客气，但是无论小南跟客户解释什么，对方都表现得很谨慎，也很疏远，沟通半天完全没有结果，而且还收到了差评。小南只好向经理请教该怎么办。

普通说话

您的投诉意见我们已经收到了。我想知道您对上次的处理结果哪里不满意？说出来我也好继续改进。

高情商夸赞

我是专程来感谢您的投诉的。现在回想起来，上次的表现的确不尽如人意。说实话，我是头一次接触您这种类型的顾客，沉稳得就像高山，深不可测。所以，我特地来向您取经，我真的想把您的问题圆满地解决好。请您务必直言不讳！

夸赞技巧

客户过分客气，其实是没有敞开心扉，这是有距离感的标志。用感谢开场，会加重对方的好奇心，从而吸引对方聆听。

自我检讨加夸赞对方，能充分表达自己的诚意，但不要过于浮夸，否则反而会加重疏远。

客户要找老板，这样轻松反转

销售场景

小柯的一位客户来到店里，任凭小柯说什么都没用，对方点名要见领导。无奈，小柯只好给领导打电话寻求帮助，却遭到了领导的训斥。没想到这一骂，倒把小柯骂开窍了。小柯是这样和客户沟通的：

普通说话

我们领导忙得很，假如都像您这样来找他，他还不得忙死？有什么事您就跟我说吧，领导是不可能见您的！

高情商夸赞

您的急切心情我能理解，虽然我是这里的销售，但走出去我也是一名顾客。领导已经知道了您的事情，但他现在还不方便与您联系。不过，他特意指派我全权处理您的问题，还要我事后把您的要求和处理结果一字不差地汇报给他。您这待遇，恐怕是独一份了，其他顾客简直都要羡慕死了！

夸赞技巧

直接把问题丢给领导，肯定不是一种明智的做法。首要任务就是要尽快安抚客户的情绪，让他"喜欢"上和你交流。

记得要夸赞对方，突出特殊待遇。大多数客户只是为了得到情绪上的满足，被赞美一定是最直接的获得方式。

投诉的客户，是在给你机会留住他

销售场景

一位顾客气冲冲地闯进蛋糕店，指着蛋糕上的图案说："你们画的这是什么呀？我要寿桃，你们做得像猴屁股一样！想把我的面子都丢光啊？"见此情景，店里的销售人员马上上前沟通。

普通说话

这位顾客，您说得也太夸张了，这分明就是寿桃嘛！是不是有点儿小题大做了？

高情商夸赞

这位顾客，您先别激动。没让您满意，实在是对不起！不过话说回来，您的观察还真是仔细，我觉得是颜色偏差造成的。看样子，蛋糕应该是为长辈准备的吧？那的确应该仔细一点儿，这是我们的疏忽！您看现在重做来得及吗？来不及的话，不如我们把寿桃重做一下？我们再额外给您赠送一个爱心小蛋糕，这回绝对不会再像猴屁股了！

夸赞技巧

处理客诉的前提条件是优先处理情绪，处理不好情绪，任何解释都不会被听进去。

必要时一定要研究赞美话术，针对不同性别、职业、年龄和性格的客户，要掌握对应的夸赞技巧。

解释没用，试着打感情牌

销售场景

艾丽是一位化妆品销售。一次顾客来店里理论，和其中一名销售起了争执。她说用了她们家的产品后，脸上莫名其妙地起了痘，坚持要赔偿。艾丽立刻上前帮忙解决问题。

普通说话

您放心，我们家的产品都是经过正规检验的，绝对没问题。您脸上的痘痘一定是其他因素导致的，所以很遗憾，您的要求我们无法满足。

高情商夸赞

姐姐，先别生气，咱们坐下来慢慢说。我看您的皮肤状态，平时保养得真是不错。原来都用什么产品？是第一次用我们家产品吗？这几天是不是跟朋友吃火锅、打麻将来着？您八成是上火了！我给您推荐个方法，您回去试试，能有助于痘痘快速消除。我再教您一套紧致皮肤的小方法。您按我说的先试试好吗？

夸赞技巧

有时候客户会显得"蛮不讲理"，只是"感化"的功夫还没有到位。

用感情换取感情才是获得顾客真心的捷径，在处理矛盾时不断提问引导，就像家人一样时刻赞美对方，给他们最大的心理满足。

10 说话有术

销售的本质就是满足虚荣心

回头客都是"财神"，别让他溜走

销售场景

一位顾客来到丽丽的服装店。她看到丽丽就说："我之前买过你们家的衣服。今天刚好路过，想再看看。"丽丽很高兴，随即热情地和顾客攀谈起来。

普通说话

太好了，那说明我家的衣服是真的好。不瞒你说，我家经常有回头客过来。随便挑，包你满意！

高情商夸赞

您刚一进来，我就认出您了。几天不见，您又变漂亮了，用的什么方法，有空也教教我呗？能得到认可，我真的比什么都高兴！您是老顾客了，今天说什么都得给您一个满意的折扣！

夸赞技巧

回头客上门，热情自然要加倍，但说话一定不能"放飞自我"。夸赞的学问在于"度"的把握。抓住对方的特点，可以让关系更深一级。事例中，"拜师法"又一次体现出了它的价值。

维护老客户，除"甜言蜜语"外，还要学会适当让利。至少让对方在心理上感受到老客户的特殊待遇，从而爱上在我们这里买东西的感觉。

发完方案就失联，
怎么找回"失踪"的客户

销售场景

一位客户在线上联系销售员小周。通过简单的沟通，客户似乎确定了意向并向小周索要具体方案。小周以为签合同已是板上钉钉的事，便通宵达旦地将方案整理好，发给了客户。可是，方案已经发过去一周了，客户却杳无音信。于是，小周决定再次联系客户，试探一下对方的意思。

普通说话

上次我发您的方案，您看了吗？您还有什么具体的想法吗？假如没问题，咱们什么时候可以签合同？

高情商夸赞

打扰了，上次给您发了方案，一直在期盼得到您的回复。因为很想继续为您服务，所以想跟您确认一下，是否已经有了其他选择。如果您已经和别人签了合约，恳请告知，以免我继续挂念和打扰。假如您还没有敲定服务商，能否有幸再次与您联系，看看还有没有合作的可能？

夸赞技巧

既然主动权在客户那里，开场就要降低姿态，主动表明自己为其服务的强烈意愿。这等同于低调的赞美，可以给客户足够的虚荣心。隐晦地表达自己的服务精神，并适度说明对这件事的挂念有两方面作用：一方面表现自己的负责态度；另一方面是为了感动对方，重新激活彼此的对话。

看看销冠是怎么维护老客户的

销售场景

小葛一直蝉联公司的销售冠军，他有一套维护老客户的"独门秘术"。这不，又到了行业内普遍头疼的销售淡季，许多同事在为业绩发愁，可小葛却像个不知疲倦的陀螺，依旧合约不断。此刻，他嘴角挂着自信的微笑，正全神贯注地和客户沟通着。

普通说话

张总，这次有个特别好的项目，想问问你有没有兴趣。要不我简单给您介绍一下?

高情商夸赞

老朋友，最近怎么样? 上次给您推荐的产品，用下来感觉如何? 要是有任何问题或者需求，您可千万别跟我客气，您的事儿就是我的事儿，我一定全力解决。我一直想着找个时间登门拜访您，当面聊聊。您看您哪天方便，我过去跟您叙叙旧。

夸赞技巧

看似说的都是恭维话，实际上都是在埋藏铺垫。问候是礼仪，也是拉近关系的第一步。别只会叫"哥""姐"，平辈人称"老朋友"倍觉亲切，长辈叫"X老"会更显尊重; 产品回访是服务热情周到的表现，也是挖掘对方痛点的机会，利用好会持续增加好感度。

用朋友圈把客户圈起来

销售场景

小丽从事微商，她总能在朋友圈中挖掘出商机。小丽特别喜欢和客户在朋友圈里互动，看似只是简单的评论和点赞，她却总结出很多技巧，这些都是她奉为珍宝的"商业机密"。这不，看到退休干部老李发的做菜视频，她主动和对方攀谈。

普通说话

老李，您做的菜简直太有食欲了！为你点赞！我这里正好进了一批好锅，要不要考虑换一个？

高情商夸赞

李老，您的手艺越来越好了，堪称大厨！我觉得那口锅耽误了您的发挥，不然都能参加厨王大赛了。要不要我给您推荐一款？

夸赞技巧

朋友圈是一块宝地，蕴藏着无限的价值，从中能够最直观地发掘用户需求和痛点。

遇到喜欢写字绘画的朋友，推销纸笔的成功率更大；经常展示厨艺，厨具就是他们的需求；向爱好旅游的人推销旅行用品、跟拍服务等都很容易成单。

"您办卡吗？"
——别再这样推销了

销售场景

阿文是一家美容院的销售。为了完成业绩，每来一位顾客他就上前询问对方要不要办卡。但几乎 90% 的客户都会拒绝他，阿文很疑惑，便去请教领班。正好一位顾客刚走进来，领班便趁此机会给阿文做起了示范。

普通说话

女士，您需要什么服务？假如您经常做护理，我建议您办一张卡，现在的优惠力度非常大，十分划算。

> **高情商夸赞**
>
> 美女，您的皮肤这么好，可得保护好它，经常做护理很重要。这次消费总共是 500 元，我觉得不太划算。其实，购买年卡会更优惠些，按照 1 个月做 1 次护理来算，4 次普通护理的消费就抵得上一张年卡了。现在，精明的顾客都选择这种方式。

夸赞技巧

直击内心的赞美能迅速拉近距离，巧妙地为所推销的产品铺垫氛围。一般来说，利用优点去推销的说服力会好于利用缺点。比如夸对方皮肤好，反而需要倍加保护；夸对方身体硬朗，就更需要用心照料。这都是"反其道而行"的推销技巧。

见客户这样夸，给对方提供情绪价值

销售场景

赵芳准备回访一位老客户，此次她决定采用登门拜访的方式。性格内向的她对于这次见面十分忐忑，生怕会让对方觉得尴尬和唐突，于是她精心准备了一段开场白。

普通说话

能再次见到您，真是发自内心地高兴。您最近还有没有新的需要，看看我能不能帮上忙？

高情商夸赞

可算又见到您了，约您真的太不容易了！其实，我的感激之情难以言表，自从有了您的扶持，我的业绩一路飙升，这都是托了您的福！所以，我特地登门来拜谢，顺便看看还有什么我能帮上忙的。毕竟我也得回报点儿什么给我的福星啊。

夸赞技巧

对于老主顾的夸赞不能吝啬。但要避免过分空洞和夸张，否则会显得虚伪。表达感激可能会显得更自然，而且会给对方更大的满足感。

由夸赞的话，自然地引向"回馈""回报"等话术，更容易获得对方的信任与好感。即便对方并不买账，也不会显得十分尴尬。

朋友的客户也是客户

销售场景

一家火锅店的老板，头脑十分精明。通过观察，他发现对面奶茶店的生意一般，于是想到了借用奶茶店来提高双方客流量的办法。通过交流，奶茶店老板也接受了他的想法，效果果然立竿见影。

普通说话

兄弟，我看你们的生意一直也不温不火，我有办法能帮你提高客流量。不知道你愿不愿意合作？

高情商夸赞

兄弟，你的奶茶店别具一格，一看就知道花了很多心思。我真心想和你交朋友，也需要你的帮助，有钱大家一起赚怎么样？我打算给到店用餐的顾客赠送一杯奶茶，从利润中给你分成。我增加客户，你也提高销量，一举两得。我想以你的头脑，恐怕不会看不出这里面的商机吧？

夸赞技巧

迅速获得对方的好感，夸赞在其中起到了关键作用。真诚的夸赞，直白的分析，是最能打动人的地方。在双方都能获益的情况下，进行资源整合往往会有出奇的效果。当然，一切信任都建立在良性合作和竞争的基础上，"利他"才是做生意的根本。

客户想要的不一定是你的产品

销售场景

有时候，客户并不一定是需要你的产品，而是情绪价值，心理满足感对他们来说可能更重要。玲丽在向顾客推销产品时就遇到了这种情况，对方用略带质问的语气问道："我为什么一定要买你们家的产品？"

普通说话

先生，我们家的产品价低质优。您也可以对比一下，保证不会让您失望的！

高情商夸赞

您问得太专业了，一下就抓住了关键！能提出这么精准的问题，您对产品价值肯定有深刻的见解。我敢向您推荐，咱们产品自然有过人之处。跟您谈性价比都显得俗了，您追求的是消费带来的全方位价值。咱们产品不仅提供真正的 24 小时服务、一年内免费换新，还能让您的问题得到及时且专业的解答，花同样的钱，收获加倍舒心，多划算！

夸赞技巧

销售人员在面对客户的询问甚至责难时，所表现出来的反应就是整个品牌的名片。夸赞并不是奉迎，而是做到不卑不亢，出口有据。先在专业度和服务素质上赢得客户的认同，再结合产品的差异化特点进行佐证。

夸赞一成不变，客户"永远不见"

销售场景

小美和小珍是同一家家居用品店的业务员。小美几乎每个月都是店里的销冠，而小珍相比之下就比较"惨淡"，而且有的顾客还跑去找小美下单了。小珍与小美的区别到底在哪里呢？

普通说话

先生，您可真会选，这件就是我们店里最好的产品。

高情商夸赞

先生，从您刚才挑选商品的档次来看，您对产品细节要求极高。想必您家里的装修风格品位一定不低。一般高端客户我们会更建议选择这款产品。它的做工工艺更加精细，细节十分考究。最重要的是，它的价格十分亲民。我保证别人看到它一定会问价格，而且足以让对方难以置信。

夸赞技巧

销售员在推销的时候总是会掉进一个逻辑陷阱——卖货的重点足夸它的好，往往会忽略顾客的实际感受。

一成不变的夸奖会让客户感觉到"应付"，再好的产品介绍也不会深入人心。其实，在夸赞产品优点时也是一样，死记硬背产品特点，总会给人不够用心的感觉，这是很多销售的"死穴"。

会"装"，
才不会让客户觉得你"嫩"

销售场景

小洁是刚入行的销售新手。在与客户沟通合约时，对方负责人肖总突然发难，斩钉截铁地对小洁说："这个价格你能定吗？能，我们就签，否则免谈！"气氛一下降到了冰点。

普通说话

肖总，您这不是在为难我吗？我是一个新人，哪有那么大的权力呀！要不我去问问我们老总吧。

高情商夸赞

一直听说肖总为人痛快，今天果然受教了！既然您提到了价格问题，那我也回问您几个问题。您对这份合约已经没有其他异议了吧？假如按您说的价格执行，是不是咱们就立刻签合约？您要知道，合同一签，所有人都将开足马力推进，可不是开玩笑的事情。如果您确定，我现在就去做合同。

夸赞技巧

有这样一句话"出门在外，面子都是自己给的"，对于销售新手们来讲，这句话尤其受用。事例中的夸奖就是如此，将对方"抬"到高位，自己则利用新人身份反过来逼单，这就是销售的技巧。

研究"怎么卖", 不如搞懂"为什么不买"

销售场景

小郭一直很惆怅,他的店铺也有客流量,但就是卖不出去货。为此,他专门跑去找前辈请教。那个前辈听了他的一些表述,马上就传授了一些销售秘籍。

普通说话

我们家货都摆在这里,说明网上也能搜到。都是正规正品,假一罚十,您随便看,有需要告诉我。

高情商夸赞

您好!看您这套穿搭,如此前卫,如果没猜错,一定是来挑选电子产品的吧?不是也没关系,也可以顺便了解一下,这是我家的主打特色,东西好,价格还亲民,但保证都是正品原装,全国保修。现在还在搞促销,活动力度空前,要不要了解一下?

夸赞技巧

卖,主动权在销售者;买,主动权在消费者。只研究卖,而不研究买,叫盲目推销。这样无法掌握用户的需求和痛点,自然也就无法促成成交。

以买的心理来反推卖的技巧,是销售高手的顶级策略。有款应用叫"什么值得买",正是利用了这个逻辑,主打的是消费心理,而非推销逻辑。